小田実
土井たか子
加藤周一

ラディカルに〈平和〉を問う

小田実・木戸衛一 編

ダグラス・ラミス
木戸衛一

法律文化社

はしがき

この本は大阪大学大学院国際公共政策研究科の講座「現代政策論」で行われた五つの講義をもとにした本である。「現代政策論」は、研究科の木戸衛一助教授に頼まれて私が彼とともに考え出した講座で、二〇〇三年度から二〇〇四年度にかけて各第二学期に、私たち二人以外に、二人がこれはと思う人物を招いてかたちづくった。講座編成にあたっての基本理念は、「公共政策」の「公共」は国や「官」がつくり出すものではない、「民」がかたちづくるものだ——につきる。この基本理念に基づいて、「これはと思う人物」を二学期あわせて九人招いて、この講座「現代政策論」は成立した。

九人が話した「公共政策」の領域は、反戦平和、経済、環境、生命、医療、原子力など多岐にわたる。ここでまず九人の名前を、肩書き抜きであげておこう。早川和男、ダグラス・ラミス、飯田裕康、山口幸夫、土井たか子、加藤周一、恩田怜、中嶌哲演、山口研一郎。

名前が知られている人物も知られていない人物もいるだろう。木戸氏は、この本の

「第5章　歴史の清算から積極派兵へ？」のなかで、「共同体から発せられる義務と、知識人が〈権力者と弱者の〉どちらの側につくかという問題とが悲劇的なかたちで問題化し、知識人を苦しめるにいたった近代国家といえば、日本をおいてほかにあるまい」とのエドワード・W・サイードのことばを引用しているが、この事態は過去の日本ばかりでなく、今、現在日本においても、何ら変わらぬ事態としてある。そのなかで、「現代政策論」に招いて話してもらった九人は、揃って「〈権力者と弱者の〉どちらの側につくかと言う問題」においてためらいなく「弱者」の側についた、あるいは、つこうと懸命に努力して来た人たち、それゆえにこそ、私と木戸氏にとって「これはと思う人物」だった。これで、九人の人物の人となりと、彼らに話してもらうことで成立した講座「現代政策論」の性格を大づかみに説明したことにしたい。

この本、『ラディカルに〈平和〉を問う』は、この二年に及ぶ講座のなかから、反戦平和の問題にかかわっての五つの講義を選んで、それをもとにつくった本だ。「ラディカル」には「根源的な」と「過激な」の二つの意味があるが、根源的にものごとを追究すれば、ものごとの根源にかかわるゆえに、つねに追究は過激になるものだ。

ことに、この本のなかでダグラス・ラミス氏がアメリカ人として怒りを込めて主張しているように、彼の祖国、今やアメリカ合州国ならぬ「アメリカ帝国」が「アメリカの平和」(Pax Americana)という名の強権支配の確立を世界大に「ラディカル」――根源的、過激に行おうとしている今、この「アメリカ帝国」の動きに抗するためには、それこそ「ラディカル」にたたかうほかはない、そこにまで世界は追いつめられて来ているからだ。

さて、この本を今読もうとしているあなたはどうするか。読んでじっくり考えてくれたまえ。

二〇〇五年六月二日

小田　実

目次

◆ラディカルに〈平和〉を問う

第4章　希望の原理としての日本国憲法 ―― 土井たか子　小田　実

第 1 章

棄民の国・日本
いかにこれを克服するか？

小《お》田《だ》　実《まこと》

1932年、大阪生まれ。作家。東京大学文学部言語学科卒業。東京大学大学院西洋古典学科在学中にフルブライト奨学金でハーバード大学へ留学。留学後、世界各地を回って綴ったエッセイ『何でも見てやろう』（河出書房新社、1961年）が大ベストセラーになる。ベトナム戦争反対市民運動「べ平連」にて活躍。著書に『HIROSHIMA』（講談社、1981年）（ロータス賞受賞）、『「アボジ」を踏む』（講談社、1998年）（川端康成文学賞受賞）、『これは「人間の国」か』（筑摩書房、1998年）、『随論・日本人の精神』（筑摩書房、2004年）、『小田実評論撰』（全 4 巻）（筑摩書房、2000年）など。最近著は『思索と発言 I・II』（岩波書店、2005年）。

「野焼き」と空襲

阪神・淡路大震災[*1]から一〇年が経ちました。私は、西宮の自宅で被災しました。私の住むマンションは、当時の被害度の基準によると「一部倒壊」です。自宅内の大きな書棚はほとんど倒れ、私自身危うくその下敷きになるところでした。

私の家の前は海ですが、両横は、東側が西宮浜、西側が芦屋浜の埋め立て地が長く伸びています。二つの埋め立て地を結び、さらに関西空港と直結するようにつくられた最新の湾岸道路は不通になり、逆の陸側、私たちのマンションの背後の高速道路があちこち倒壊した。その模様は、テレビでご覧になったと思います。橋も落ち、実に惨憺たる状況に追い込まれました。芦屋浜は、最新式の三十数階建ての建物が林立しているところですが、液状化現象で二メートルも地盤が沈下しました。どさっと落ちて、それから幅が一メートル広がりました。

地震の後、マンションのベランダから、浜で家屋の廃材などを燃やす「野焼き」が行われました。冷蔵庫もテレビも散乱し、人々が戦後の繁栄で築き上げてきたものが、炎をあげて焼かれていました。それはすごい光景でした。

このような災害は、人間から一切の虚飾を奪い去ります。そして、何が問題の本質なのか見えるようにしてくれます。私は、地震の数日前、ろくに食糧も与えられず、狭いところに押し込められたルワンダ[*2]の難民収容所の様子をテレビで見ていたのです

＊1　**阪神・淡路大震災**　一九九五年一月一七日午前五時四六分、淡路島北部を震源に発生したマグニチュード七・三の大地震。六四三三名の人命が失われ、一八万六一七五世帯の住宅が全壊、二七万四一八一世帯が半壊するなど、都市基盤が大きく破壊された。

＊2　**ルワンダ**　一九九四年夏、アフリカの小国ルワンダで、多数派フツ族による少数派ツチ族の大量虐殺事件が起こった。三カ月の間に一〇〇万人が殺害され、二〇〇万人以上が難民として国外に流出した。

が、地震が起こって、今度は自分たちがその悲惨を体験することになりました。避難所で、これではまるで「ルワンダ」だと、自分たちの窮状を表現する人に、私は何人も出会いました。

震災の被災者は、繁栄とは、自分たちの戦後とは何だったのか考えたと思います。私にとって、震災後の「野焼き」は、空襲の炎と重なって見えました。焼け野原が戦争の記憶と二重写しになったのです。そこで見えてきたのは、人間が無意味な「難死」[*3]を遂げ「棄民」[*4]にされる戦中の状況と今の状況が変わっていないということだったのです。

外からの視点と内からの視点

第二次大戦中、大阪は五〇回ほど空襲[*5]を受けました。なかでも、当時世界最大の爆撃機B＝29が一〇〇機以上で攻撃した大空襲は、一九四五年三月一三〜一四日から都合八回ありました。私はその都市焼きつくしの大空襲を三度体験していますが、そのうち私の「難死」体験で最も重要だったのは、一九四五年六月一五日と八月一四日の昼間空襲です。

三月に東京を皮切りに始まったこうした大空襲はこれまでの米軍による空襲とはちがったやり方のものでした。それまでは一万メートルもの高々度から軍事目標めがけ

＊3　**難死**　「天災に出会ったとでも考える他はない」不条理で無意味な死。「『難死』の思想」『小田実評論撰』1（筑摩書房、二〇〇〇年）所収。

＊4　**棄民**　自然災害、事故、戦乱などに際し、国家の保護を受けられずに放置され、またその後も、補償拒否など冷淡な施策に苦しめられる国民。

＊5　**空襲**　一九九一年湾岸戦争頃から、マスコミでは、もっぱら「空爆」の語が用いられている。「空爆」は爆弾を「落とす側」、「空襲」は「落とされる側」の視点に立った表現と言える。いずれにしても、特定の軍事目標を対象としない無差別大量爆撃は、ジュネーヴ条約追加第一議定書（一九七七年成立）第

B−29の痕跡

出典：『ニューヨーク・タイムズ』1945年６月17日、日曜版雑誌、11頁[＊6]

五一条に違反する。アメリカ合州国は、同議定書を批准していない。

＊6　写真の右下には、次のような説明文がある。「一都市、一都市、日本帝国の中心都市は焼夷弾と爆発物によって破壊されつつある。人口密集の火災を起こしやすい工業都市は、大阪（上図）がなかで最大だが、今、われらの巨大な超空の要塞機が何千トンにわたって工場と労働者の住宅に注入しつつあるゼリー状ガソリンの完璧な目標だ。他の日本の都市の大部分は、東京、横浜、神戸、名古屋など、われらの戦略爆撃開始初年度において、すでに消滅したと言われている。そして、この攻撃は日本が破壊され尽くすか、降伏するまで続けられ、強化される。」

てのものでしたが、四～五〇〇メートルの超低空から焼夷弾を投下して都市の一般家庭を焼きつくすというものに変わった。はじめは三月の夜間空襲でしたが、六月には、もう日本には対抗戦力がないとみきわめて、それからは昼間の大空襲でした。今私が述べた六月と八月の大空襲のどちらもが昼間でした。

右の写真は、一九四五年六月一七日の『ニューヨーク・タイムズ』日曜版雑誌に載っていたものです。空襲で煙に覆われた大阪市街を爆撃機から撮った写真ですが、私は、この煙と炎の真っ只なかにいたのです。上から見れば、この写真のようにただの煙ですが、なかはまさに地獄でした。

しかし、大阪空襲が空から撮影されていたことが言いたくて、この写真を紹介したのではありません。似たような写真は、私自身、日本軍による重慶などへの爆撃シーンでよく見ていたのです。その時、私は雲の下がどんな光景なのか知らなかったし、知ろうともしなかった。「ああ、落としよったな」という程度にしか思わなかった。外から見るのと、内から見るのでは大違いだということが、まるで分かっていなかったのです。だからこそ、自分が体験した大阪空襲の写真を『ニューヨーク・タイムズ』で見つけたときには、とてもショックでした。

ついでに言えば、日曜日のアメリカの新聞は、本紙に加えて日曜版雑誌や書評雑誌などの付録がついて、とても分厚くなるのですが、一九四五年六月一七日の『ニューヨーク・タイムズ』の日曜版も、平時と変わりませんでした。洋服、家具、食器などの広告が、盛りだくさんに載っていました。プロ野球の記事も写真つきであれば、株式欄、三行広告、誰と誰が結婚したか、婚約したかの記事の社交欄、すべて平時と変わらない。当時の日本の新聞が、各社共同で、タブロイド版一枚きりだったのとは雲泥の差です。この写真を当時の私と同年生のアメリカの子どもはどう見ていたか。何らの関心もなくただ見ていたにちがいない。これは、ただの過去の話ではありません。今われわれは、アフガニスタンやイラクの空襲を見たり聞いたりしていますが、炎と煙の中で人々はどうなっているのか、大した想像力を働かせることもなく、平気で記事や写真や広告を見ています。

八月一四日の「難死」

一九四五年六月二三日に沖縄で日本軍の組織的戦闘が終わり、八月には広島、長崎に原子爆弾[*7]が投下され、ソ連が参戦して、日本政府はポツダム宣言[*8]の受諾を決め、連合国側に通達しました。ところがその時についていた条件は、「国体の護持[*9]」、つまり天皇制の存続です。また『ニューヨーク・タイムズ』のコピー（次頁参照）をお見せしますが、八月一一日は、日本の降伏、連合国側の勝利を報じ、「天皇は日本の戦後再建に必要だとして存続させるようだ」と伝えています。それが翌日には「存続させ

＊7　原子爆弾　アメリカ軍は、一九四五年八月六日、広島にウラン二三五型、八月九日、長崎にプルトニウム二三九型の原子爆弾を投下した。同年末までに、広島では二〇万余、長崎では七万余の生命が奪われた。原子爆弾の残虐性は、激烈な熱傷・外傷に放射線障害が加わる点で特別である。

＊8　ポツダム宣言　一九四五年七月二六日、米英中三国首脳により発表された対日共同宣言。①日本軍国主義の根絶、②「平和、安全及正義の新秩序」が建設されるまでの連合国による日本占領、③本州・北海道・九州・四国および連合国が決定する諸小島への日本国の主権の制限、④日本軍の完全武装解除、⑤戦

1945年8月11〜14日までの『ニューヨーク・タイムズ』1面トップの見出し＊10

"All the News That's Fit to Print"
The New York Times.
LATE CITY EDITION
VOL. XCIV..No. 31,976. NEW YORK, SATURDAY, AUGUST 11, 1945. THREE CENTS

JAPAN OFFERS TO SURRENDER;
U. S. MAY LET EMPEROR REMAIN;
MASTER RECONVERSION PLAN SET

"All the News That's Fit to Print"
The New York Times.
LATE CITY EDITION
Section 1
VOL. XCIV No. 31,977. NEW YORK, SUNDAY, AUGUST 12, 1945. TEN CENTS

ALLIES TO LET HIROHITO REMAIN
SUBJECT TO OCCUPATION CHIEF;
M'ARTHUR IS SLATED FOR POST

"All the News That's Fit to Print"
The New York Times.
LATE CITY EDITION
VOL. XCIV..No. 31,978. NEW YORK, MONDAY, AUGUST 13, 1945. THREE CENTS

ALLIES TO LOOSE MIGHTY BLOWS ON JAPAN
IF SURRENDER IS NOT MADE BY NOON TODAY;
CARRIER PLANES RENEW TOKYO ATTACKS

"All the News That's Fit to Print"
The New York Times.
EXTRA
VOL. XCIV—No. 31,979. NEW YORK, TUESDAY, AUGUST 14, 1945. THREE CENTS

JAPAN DECIDES TO SURRENDER,
THE TOKYO RADIO ANNOUNCES
AS WE RESUME HEAVY ATTACKS

争犯罪人の処罰と日本国内における言論・宗教・思想の自由および基本的人権の尊重、⑥軍需生産の禁止、⑦日本国軍隊の無条件降伏などを規定した。七月二八日、鈴木貫太郎首相は、この宣言の「黙殺」を言明した。

＊9 **国体**　万世一系の天皇が統治する優秀な国柄を表す概念。

＊10 天皇(制)存続について、11日にはその可能性が伝えられただけであるが、12日には、ヒロヒトを残し占領軍司令官に服属させるとの連合国の方針が確定的に報じられている。また、最後の大空襲に関して、13日に、なお降伏をためらう日本への猛爆が予告され、翌日、空襲再開によって降伏が決定したと記されている。

る」と断定されます。この時点までに、「国体＝天皇制の護持」と天皇個人の存続は決まっていたわけです。

「昭和」天皇は、自分と一族の生命の安全を非常に危惧していました。「赤色革命」の妄想に取りつかれていた近衛文麿よりも、はるかに現実的です。彼とともにこの戦争の元凶と連合軍側が見なした独伊の戦争指導者の運命を知っていたはずですから、それも当然でしょう。ヒトラーは自殺し、ムソリーニはイタリアの民衆に捕えられて処刑され、ミラノの広場で死体が逆さに吊り下げられました。それに、ドイツでは、「戦犯」裁判の準備が始まっていました。

「国体＝天皇制の護持」は、「昭和」天皇の生命の安全、天皇としての地位の保全を保証し、逆に後者は前者を確保するわけで、実にうまいからくりです。しかも、「昭和」天皇とその一族の安泰という元来全く「私」的なことが、「国体の護持」といういかにもいかめしい「公」的な問題にすりかわってしまいました。はっきり言って、「国体の護持」とは、「昭和」天皇とその一族の「命乞い」だった。それが本質です。

そして、この「命乞い」は成功するわけですね。日本政府も「昭和」天皇も、「国体＝天皇制の護持」と、天皇自身と一族の生命の安全と、天皇の地位保全が保証されたのを中立国の出先機関を通じて知っていました。しかし、そうしたことはすべて国民が知らない間に行われた。だからこそ、今の今に至るまで、「我が身はこれからどうなろうとも、もはやこれ以上国民の苦難を看過するに忍び難し」という「ご聖断」が「御前会議」で下って「終戦」が決定されたという一連の「終戦神話」が信じられ続けているのです。

「国体の護持」に関する連合国側の正式の回答をなおも得ようとしてか、日本政府はポツダム宣言受諾の用意があると言った後、正式に受諾するとは言いませんでした。それで、アメリカは日本に軍事行動で圧力をかけることに決め、二〜三日やめていた日本空襲を再開します。八月一四日には、日本の正式降伏を報じた『ニューヨーク・タイムズ』によれば、B=29八〇〇機が六つの目標に爆撃をかけました。主目標は徳山（ここには海軍の燃料庫があった）と大阪で、この二都市に六〇〇〇トンの爆弾を投下したのです。

大阪では、当時「東洋一の規模」と言われた兵器工場の造兵廠が狙われました。この巨大な工場群は、一トン爆弾の投下によりわずか一〜二時間で壊滅したのですが、私はそこから大して遠くないところに住んでいました。それで、私の家から二〇〇メートルほどの位置に、一トン爆弾が落下して巨大な穴を開けたのです。爆撃は、いくらでも目標からそれる。爆弾を投下される側、それによって殺される側にとっては、「誤爆」などという言葉で片づけられるはずもないのです。

家には、一応庭に防空壕がありました。防空壕といっても、主に兄が庭に穴を掘り、家族が総がかりでつくった代物です。どこかでブリキ板を拾って来て屋根にし、その上に土を載せただけです。だいたい「防空壕を掘れ」と指示しても、釘一本支給しない。これが日本です。このお粗末な防空壕のなかでガタガタ震えながら恐怖の時間を過ごした後、やっと地上に出て、私は地面に落ちていたビラを拾ったのです。そこには「お国の政府は降伏して、戦争は終わりました」と日本語で書かれていました。

この最後の大空襲でおよそ三〇〇〇人が被災し、三六〇人が死にました。この人たちは、いったい何のために死んだことになるのか。「お国の政府は降伏して、戦争は終わりました」のビラとともに、一トン爆弾を撒き散らして人々を殺したアメリカは、もちろん実におぞましい。アフガニスタンでも、空から爆弾を落としながら、食糧も投下しましたね。しかし他方、「国体の護持」を振りかざして、自らの「命乞い」のために「臣民」を死へと追いやった天皇を初めとする日本の支配者たちは、精神が実に低劣です。天皇というナンバー1が助かれば、ナンバー2、ナンバー3……も助かるだろうという打算があったに違いありません。

空襲は、地上の住民にとって、一方的な殺戮であり破壊です。そのなかで人々は、まるで避けがたい災難に遭ったように、虫ケラ同然、黒こげになって焼け死んだのです。こんな無意味で不条理な死はない。特攻隊員が国家に殉じて意味ある死を遂げられたのに対して、空襲で死んだ人々の死は無意味な死、「難死」でしかなかった。「公」の意味が与えられなかった「虫ケラどもの死」です。

このように、私にとっては、国家によって真っ先に見捨てられ「難死」する「棄民」を目の当たりにした戦争中の実体験が、戦後の思想的営みの原点となったわけです。初期の評論「「難死」の思想」が発表されたのは、『展望』という雑誌の一九六五年一月号です。それから三〇年以上経て、阪神・淡路大震災の被災体験とそれを通じての思索をまとめた本でも、タイトルに「難死」の語を使いました。*11

虚飾の崩壊

神戸が非常に華やかで繁栄した都会の姿を見せるようになったのは、「土建屋の政治」*12の産物です。ポートアイランドとかいう埋め立て地を中心として、橋を架け、道路をつくる。ニョキニョキ高層建築を建てる。観光振興のためと、立派なホテルも建てた。文化都市だとか、ファッションの街だとか、盛んに言われました。「山、海へ行く」と呼ばれた乱開発に対する真っ当な批判は、「文句を言うな。経済発展の邪魔をするな」という「神戸株式会社」の声高な合唱の前に封殺されました。

それが、阪神・淡路大震災という大災害に直面して、実に脆く崩れ去った。いかに見せかけの「繁栄」に過ぎなかったか、被災者は思い知らされました。私の家の前は、

*11 小田実『被災の思想 難死の思想』(朝日新聞社、一九九六年)。

*12 **土建屋の政治** 「公共事業」をめぐる政官業癒着の政治構造。政治家は官僚に指示して、ゼネコンなど建設業者に仕事をあてがう。建設業者は、政治家に「政治資金」を提供し、選挙運動を応援する。官僚は、建設業界への再就職を確保する。「公共」の名による近視眼的な私益追求政治の結果、環境の破壊や金銭万能主義など人心の荒廃が進んだ。

液状化現象で海水が噴き出したのをまた埋めて仮設住宅をつくったのですが、「繁栄」しているはずの都会で餓死者が出るわけです。

たとえば、西宮市は人口四〇万人、甲子園球場などがあってわりあい豊かな都市です。そこの年間予算、一五二五億円のうち、災害対策費はわずか四五〇〇万円。四五〇〇万円というのは、マンション一戸の値段です。災害対策費はそれだけで、あとは開発に回したのです。震災後、緊急対策委員長には当然市長がなりましたが、副本部長は都市開発局長です。いかに開発一本槍の姿勢だったかが分かろうというものです。四五〇〇万円では、何もできない。パン一つないという、ものすごく惨憺たる状況に陥るわけです。

西宮市の隣は芦屋市です。芦屋は、ブルジョワの街、高級住宅地とよく言われるところです。これが、震災でいざ蓋を開けてみると、給水車一台持っていないのです。私の住んでいる所には給水車が来ましたが、これは三重県久居市というはるか彼方から来てくれたものです。そのおかげで、私は一カ月間、何とか水が飲めた。西宮市には三台しか給水車がなく、芦屋市に至ってはゼロ。これが、日本有数の「豊か」な「文化都市」の実態です。

ちなみに、震災後、自衛隊の給水車が活躍したかのような報道もありましたが、これは事実に反します。そもそも自衛隊の給水車とは、限られた数の兵員に水を供給するためのものであって、住民のためのものではありません。だから、数時間で給水できなくなったのも当然です。

私が一九八五年から八七年まで住んでいた西ベルリンは、災害の非常時に備えて、食料品はもとより、トイレット・ペーパーに至るまで、非常用備蓄を常時三カ月分持っていました。ところが、西宮にも芦屋にも神戸にも、非常用備蓄はほとんどなかった。そういう実態を見れば、「この国はいったい何なんだ」と思わざるをえない。大災害は、虚飾の事物を見事に剝ぎ落として、本質を見せてくれる。阪神・淡路大震災によって見えた本質は、「ルワンダ」であって、「西ベルリン」ではなかったわけです。

震災後市当局が真っ先にやったこと

大地震の翌日、火災が続き、多くの人が瓦礫の下に埋もれていた一月一八日の朝、神戸市はいったい何をしたか。まずは、新聞記事を紹介しましょう。

「後で知って驚いたことがある。火災がなお続き、多くの人が瓦礫の下に埋もれていた地震の翌日、都市計画局の職員約二〇〇人が、自転車やバイクで市内に散った。救出のためではない。都市計画の基礎資料とするため、地区ごとに建物の倒壊、焼失度合いを調査したのだ。局幹部でさえ『こんなことをしていいのか』と葛藤があったという。」

（『毎日新聞』一九九五年三月三〇日、朝刊）

つまり、われわれが死にかけているときに、神戸市の都市計画局は、ぐるっと回って、どこが一番つぶれているかを調べたのです。どこが一番つぶれているかを調べて、彼らが金庫のなかに入れていた都市再開発計画をいかに安上がりに速く実行できるかを見に行ったわけです。二〇〇人もの職員を使ってです。住民が死にかけているのもお構いなし。これが「公共」の名前を借りてやったことなのです。実に驚くべき現実です。

たとえば、「まちづくり協議会[*13]」というのは、神戸市が創案した仕組みです。「街づくりをみんなで話し合いましょう」と言いながら、実は上意下達の機関です。下から上への民主的な機関ではない。上から計画が降りてくる。それにソフトな「民主主義」の装いを与えるために、「協議会」をつくって、都市計画を推進していたのです。しかし、見せかけの「住民参加」でも、都市計画はなかなか実現しない。普通の状態だったら、立ち退きを拒否する人も多いから、都市計画は実現できない。それで、建物がつぶれてくれれば、有り難いわけです。「千載一遇の好機だ」と言い放った市の幹部さえいる。街が燃えてしまえばいいわけです。

一九四七年に制定され、何回か改正されている災害救助法という法律があります。

＊13 **まちづくり協議会** 一九八一年一二月二三日の「神戸市地区計画及びまちづくり協定等に関する条例（まちづくり条例）」により、地区の住みよいまちづくりを推進する住民機関として設置。市長の認定を受けて活動するため、行政への影響力は弱い。

これにより、神戸では、瓦礫の処理はあっという間にやったものの、肝腎の救援は一切実行しない。要するに、瓦礫の処理だけは早くやらないと、都市計画ができないのです。都市計画案は前からつくられていて、それに「復興」という名前を冠して、「復興都市計画」がでっちあげられたのです。その次には、「防災都市計画」がでっちあげられる。そうしたことを強行するのにどこが一番やりやすいかを見に行った。これが一九九五年一月一八日の実態です。

「防災」「復興」都市再開発計画のからくり

一九九五年二月の初めには、早くも「都市計画」ができあがりました。もう以前から用意してあるのですから、簡単にできます。市の職員、土建屋、それに「学識経験者」がかり集められて、さっさと決めたわけです。それから、この計画案を「まちづくり協議会」に降ろしていくという形になります。そして、できあがった計画を二月の初めに配布したのです。郵便やチラシで配布したと市は言うのですが、しかし、その時宛先の住所には誰もいないのです。家は瓦礫になって、あるいは焼失して、住民は住んでいない。彼らはどこに行ったかというと、「避難所」と称する小学校のコンクリートの床の上で寝ているわけです。

そんなところに、郵便物が届くはずがない。分かり切ったことです。それで、元の住所に置いていって、計画案は配布されたことになる。一応は「民主主義」の建て前上、もっともらしく所定の手続きだけは済ましておくというやり口です。

「防災」「復興」都市再開発計画の基本は、大きな道路をつくって、こまごました家を取っ払い、三〇階建てぐらいのマンションにまとめてしまうことにあります。商店はそこに放り込まれます。それまでの曲がりくねった道だったのを、「火災」を理由に、なくしてしまう。都市計画は前からあったのだけれど、土地買収や補償金の問題でなかなか難しい。そこにうまいこと地震が来て、焼けてくれた。つぶれてくれたわけです。それで、「そら行けー」とばかり、神戸市都市計画局の職員二〇〇人が調査をしたわけです。

先ほど紹介した新聞記事は、「計画は『初めに道路ありき』としか言いようがない。防災はあとからつけた理屈に映る」と、明快に批判しています。ともあれ、二月初めには、きれいなチラシが撒かれました。これはすごいことです。「きれいな家に住ませてやる。きれいなビルを建ててやるから、お前そこに住め」ということなのです。

そして、計画を「縦覧」しろと言う。言い得て妙な言葉です。縦にパーッと見ろ、横にじっくりと読んだりするなということでしょう。縦覧期間は二週間です。神戸市は、ご承知のように東西に長い。端から端まで行くのは大変です。普通の時でもそうなのに、まして震災直後は瓦礫の山で、動けない。それなのに、「縦覧」場所は、市の中央に一カ所だけなのです。東西の端からは、ただでさえ行きにくいのに、被災して交通機関もない。交通機関が不通でも、「縦覧に来い」というわけです。

大阪と神戸の間に交通機関は六つあるのですが、震災後当初は六つとも動きませんでした。一番早く復旧したのは、一番古い国鉄、今のJRです。他はなかなか復旧しない。新しいものであればあるほど、だめなのです。新幹線とか高速道路、最新式のものは特にだめでした。いかに科学技術がインチキにできあがっているかということを私たちは体験した。明治につくられた一番古くさい交通機関が、一番早く復旧したのです。

とにかく、交通機関がないのです。それなのに、都市再開発計画を市の真ん中に置いて、二週間で「縦覧」しろと言う。それで一切の質問は許さない。不服申し立ては許さない。「質問があったら、意見書を出せ」と言ってきたのです。二月二八日に「縦覧」が開始されました。一月一七日に被災して、みんながアップアップの生活を送っている状況で、突然「縦覧」を始め、二週間で締め切る。三月一三日には、意見書が締め切られ、翌一四日には、神戸、西宮、芦屋の各市で都市計画審議会が開かれる。それも、たった一日の審議です。意見書を読む時間も何もない。次の日に委員会を開いて、計画は承認されたということにされてしまうのです。

その次は、県の都市計画審議会です。一六日には、ここでもたった一日の審議で、めでたく承認となります。意見書は三〇〇〇通来たというのに、読む暇などありません。審議会がさっさと決めて、「民意を聞け」という程度のもっともらしい条件をつけておしまいです。この県の都市計画審議会の「答申」を受けて、一七日に、知事が正式に計画を承認しました。うわべだけ「民主的」に見せる形式主義そのものの手続きです。

被災者を放置した「人災」

　都市計画は、予定どおり実行されました。その計画が予定する区画整理によって、建物は一切建てられなくなりました。「あんたのところは道路だ」という風にして、住民は、「強制収用」の脅しの下、住んでいた場所を追われる。路地裏の商店街はつぶされる。街には、一階にスーパーがある高層建築群に変貌し、活力を失う。そして人々は、その日暮らしをしながら、今日に至るわけです。

　しかし、「三〇階建てのきれいなビルを建てるから、被災者はそこに入居せよ」と言われたところで、入る金なんかないです。この国は、家がなくなっても、ローンを解消しない国ですから、何にもない焼け跡に対して、金を払うことを強いられるわけです。その人たちは、また借金しなくてはならなくなる。だが、銀行は金など貸してくれない。そういう状況に追い込んだのです。

みんな震災で放り出されてしまった。放り出されてしまって、お金がない。最初は貯金を持っていましたけれど、当然使い果たしてしまう。そうすると、食べられなくなります。事実、暫くして「天災」ではなく「人災」と言うべき「関連死」が続出するようになります。悲惨な「孤独死[*14]」は二五〇人に達し、そのなかには餓死者もいました。この「豊か」な国で餓死者が出るのです。

孤独死という言葉も仮設住宅という言葉も、英語にはありません。他の国には、自分が被災した場所に建物を建てることに対して補助をする制度はあるのですが、日本にはありません。「都市計画を実行するのに、千載一遇の好機だ」と、全部放り出す国なのです。まさに、「される」側を無視した「する」側の、人を人とも思わぬ政治が、いかに恐ろしいものか分かると思います。

＊14　孤独死　仮設住宅ないし復興住宅で、他人に気づかれることない独居者の病死、栄養失調死、自殺、あるいは事故死。阪神・淡路大震災では、被災から一〇年の間に、二三三人が仮設住宅で、それを上回る三二七人が災害復興公営住宅で孤独死した。

隙き間だらけの政治

私も震災でひどい目に遭ったわけですが、被災直後、「市民救援基金」を創設して、市民からの募金を募りました。いわゆるボランティアに頼るのではなく、われわれ被災者自身でやったのです。軽傷者が重傷者を助ける、比較的困っていない人がもっと困っている人を助けるというのは、市民社会の鉄則だと思います。そういうわけで、とにかく「市民救援基金」をやることにしたのです。そうすると、あっという間に三〇〇〇万円ぐらいのお金が集まった。もっと続けていたら、一億円くらい集まったと思うのですが、私たち自身が疲れ果ててやめました。

その時、私を動かしたものは何かというと、一通の手紙です。私は、「行政のやることには必ず隙き間がある。その隙き間を埋めよう」ことで、「市民救援基金」を始めたのですが、ついていたある手紙に「小田さんだから信頼する」と書いてあったのです。「他の所に義援金をあげたら、何に使うか分からない。また橋の復興だとか、建物だとか、空港だとかに使うのではないか。あなただから信頼する」とありました。信頼された以上、責任がありますから、困っているところを助けようとぐるぐる回りました。私たち自身被災者ですが、三〇〇〇万円ものお金を、文字どおり隙き間の人たちに公平に分配するため、できる限り被災地を歩き、被災者の声を聞いて回ったのです。分配した先は無認可の保育所、障害者の作業所、外国人学校（特に朝鮮人学校）、親を亡くした子ども等々です。

しかし、被災地を歩いているうちに分かったのは、行政のやることには隙き間があるどころか、公的支援が全くなされていないせいで、全部が隙き間だったことです。いったいこの国は何なんだ、市民のことを考えている国なのかと考えざるをえなくなりました。

当時の総理大臣は、社会党[*15]の村山富市[*16]です。彼は、「社会主義国ならいざ知らず、

＊15　**社会党**　一九四五年一一月二日、共産党を除く戦前の無産政党関係者の手で成立。護憲・平和路線を掲げ、革新勢力の中核を担ったものの、急速な経済成長、国際政治の多極化という状況に対応できず、低落傾向を続けた。一九八六年に土井たか子が委員長に就任、市民との連携や女性の政治進出を打ち出して一時的に成功したものの、労組依存体質や党内の左右対立をついに克服できなかった。一九九三年八月、細川護熙・非自民連合政権に参加して以降、党の結束が急激に弱化し、離党者が相次いだ。一九九六年一月の第六四回定期大会で党名を社会民主党に変更、半世紀に及ぶ歴史の幕を閉じた。

日本は資本主義国なので、公的援助はなじまない。他の資本主義国もそうだ」というようなことを言いました。無知に基づく発言か、真っ赤な嘘か、あるいはその両者か、いずれにせよこれが社会党の首相の実態です。

「阪神・淡路大震災」のちょうど一年前、ロサンゼルス近郊ノースリッジで大地震[*17]が起こりました。アメリカ合州国では、地震後たった一週間で、全壊・全焼世帯に最高二万二〇〇〇ドルもの公的援助金が現金で、連邦政府と州政府の責任で手渡されました。当時の実際の購買力から見て、だいたい四〇〇万円くらいです。「ホームレス」の人たちも受け取りました。言うまでもなくアメリカは、資本主義国中の資本主義国です。これは、連邦危機管理庁（FEMA）の被災者に対する最初の仕事だったのですが、生活基盤を破壊された被災者にとって、現金支給ほど物心両面にわたって安心させることはないですし、ひいては「危機管理」に最も役立つのですが、日本にはそんな発想は全然なかったわけです。舛添要一などマスコミにもてはやされている連中は、「もっと危機管理をやれ。警察をもっと動員しろ」というようなことばかり言っていましたが、危機管理庁とは、危機管理のためではなく、被災者を救うためにあるのです。

なぜ、アメリカでは被災者に公的援助金が支給されたのか。その論理と倫理は、「アメリカは民主主義国家で、民主主義の基本にあるのは市民だ。市民の生活基盤が

＊16 **村山富市**　一九二四年生。一九九四年六月三〇日、自民党・社会党・新党さきがけによる連合政権の首相に就任。政権復帰を果たした自民党を主力とする連合政権にあって、七月国会で自衛隊合憲論を表明、九月の臨時党大会でも自衛隊合憲、日米安保堅持、日の丸・君が代認知など、従来の基本路線を全面的に転換した。「人にやさしい政治」を掲げるも、内閣支持率は低迷、党勢も一向に挽回できず、一九九六年一月一一日に辞任した。戦後五〇周年首相談話、被爆者援護法の制定、水俣病政府解決策の閣議決定などで、業績を残した。

＊17 **ノースリッジ大地震**　一九九四年一月一七日午前四時三〇分、カ

災害によって破壊され危機に陥ることは、民主主義国家としてのアメリカの基盤が破壊され危機に陥ることだ。だから、被災者に対し公的援助金を支給する」というものです。アメリカだけではありません。ドイツやイタリアでも、公的援助金の支給が行われています。後の話になりますが、台湾もそうです。

しかし日本は、「阪神・淡路大震災」当時、この論理と倫理を全然持っていませんでした。それは今も、基本的には変わっていません。村山にしても舛添にしても、市民のこと、被災者のことについては、一言も触れませんでした。そういう状況のなかで、私たちは「公的な援助をやれ」と言ったのです。

『被災の思想　難死の思想』の出版前、私たちは一家総掛かりで、その末尾「付録・「公」的援助についての私の主張、提言」という一文をコピーして、新聞、雑誌、「識者」（と呼ばれている人たち）に封書で送りました。郵送料の高さを実感しましたが、とにかく反響はほとんどありませんでした。二〇〇四年に亡くなった朝日新聞の石川真澄さんが、紙面で賛同を表明してくれた程度です。

「市民＝議員立法」運動へ[*18]

正直言って、私は、震災後一年くらいの間に、いくら何でも日本政府も地方自治体も、何かするだろうと期待していました。たとえば、ローンを解消する。しかし、他

リフォルニア州のノースリッジで発生したマグニチュード六・七の地震。死者五七名、米国史上最も経済的損害の大きな地震となった。

＊18　詳しくは、市民＝議員立法実現推進本部／山村雅治『自録「市民立法」阪神・淡路大震災―市民が動いた！』（藤原書店、一九九九年）。

の国とは異なり、日本国はローンを解消しない。そのうちに貯金を全部使い果たし、「孤独死」が続出する。餓死さえ出てくる。この国は、本当にすごい国です。

結局、期待はものの見事に裏切られた。そこで私は、被災者仲間と話し合って、一九九六年六月、「阪神・淡路大震災被災地からの緊急・要求声明」を出しました。「大震災による被災地の復興は道路や建物の復興ではない。まして人工島の造成や海上空港の建設ではない。人々が安心して住める社会をつくること—それが復興である。／大震災から一四カ月、被災地を厳しい寒さと絶望感が覆っている」という文言で始まるこの声明は、全壊・全焼世帯で五〇〇万円の公的援助金の支給などを求めたものです。特徴的なのは、この声明が、お決まりの「何とかしてくれ」調ではなく、初めて支給金の金額の数字まで伴った具体的な「要求声明」だったことです。

多くの人が、この「要求声明」に賛同の署名をしてくれました。政治学者の丸山真男[*19]さんも、速達で葉書を送ってきてくれました。入退院を繰り返している間に、自宅に「要求声明」への署名用紙が着いていて、締切の期日は過ぎているのだけれど、今でも間に合うなら自分の名前を入れて欲しいということでした。自分はこの種の署名要請には一切応じないが、これは特別だと書き添えられていました。

ところが、中央でも地方でも、政治は全然動かない。ただ「自助努力」を唱えるだけで、被災地の「棄民」の現実はさらにひどくなりました。そこで私たちは、「主権

*19 **丸山真男** 一九一四〜九六年。戦後日本を代表する政治学者。一九五〇〜七一年、東京大学教授。主著に『日本の思想』（岩波新書、一九六一年）、『現代政治の思想と行動』増補版（未来社、一九六四年）。

在民[*20]」の原理原則に基づいて、市民がまず法案をつくり、それを議員とともに「市民＝議員立法」として練り上げ、議会に上程して法制化しようと考えました。政治の側が、法律がないので公的援助ができないと言ったからです。

アメリカのノースリッジ地震のことは既に述べましたが、日本でも、一九九三年七月奥尻島の地震・津波災害と、一九九一年五月以降の島原・雲仙普賢岳の火砕流・土石流被害の際には、義援金の分配によって、全壊・全焼世帯で基本四〇〇万円にいろいろ上乗せされ、一二〇〇万〜一五〇〇万円の公的援助金が供与されてきました。そのおかげで、「自助努力」による住宅復旧も早く進みました。「阪神・淡路大震災」の被災者が、避難所と仮設住宅に押し込められて、関連死、孤独死、餓死者、自殺を続出させるという「棄民」の悲惨を味わったのとは大違いですが、この「公的援助金」も、もともとは市民による義援金です。アメリカなどのように、国家・地方自治体が直接被災者に支給したものではなかったわけです。

もちろん、「阪神・淡路大震災」でも、義援金は分配されました。でも、被災者の数が膨大だったため、手に渡ったのは全壊・全焼世帯でたった二〇万円です。同じ日本の中で、一方が二〇万円、他方が一二〇〇万〜一五〇〇万円。「これが同じ国の人間か」と問うのは当然でしょう。二〇万円で、生活再建などできるはずがない。ここではっきりするのは、日本でも、国と地方自治体が主体となって公的援助をしない限

＊20 **主権在民** 国家のあり方は、最終的にその構成員全員の意思決定によるという原則。日本国憲法前文は、「主権が国民に存することを宣言」している。ただし、この「国民主権」は、旧植民地出身者などの民族的少数派を排除したうえで特権化された。

り、被災者は救援されないということなのです。

そこで私は仲間たちとともに、「市民＝議員立法」の土台となる「大災害による被害者の生活基盤の回復と住宅の再建等を促進するための公的援助法案（略称生活再建援助法案）」を論議し作成しました。私が主に「前文」を担当しました。ちなみに私は、すべての法律は、その所以と目的を明らかにした「前文」をつけるべきだと考えているのですが、この法案の「前文」の一部は次のようなものです。

「社会は市民によって構成されている。我が国は『主権在民』を基本とする民主主義・市民国家である。市民はつねに自らの生存・生活を守り、自らの社会の民主主義政治の形成、維持に対して必要な法制度の確立を発議する権利と義務を有する。立法府と行政府はその発議を受けて、そうした法制度を確立し、実現する責務がある。」「雲仙普賢岳大噴火、北海道南西沖地震（奥尻島地震）、阪神・淡路大震災、さらにはもんじゅ事故などにより想定される災害などは、市民の生命、生活基盤に重大かつ深刻な被害をもたらす大災害である。国と自治体はこうした大災害の被害を直接受ける市民を守るとともに、その回復・再建のための責務を負っている。」「国と自治体は、その責務を実現するために存在するのである。」

これで、明らかだと思います。この原理の上に、私たちは「全壊・全焼世帯五〇〇万円」を初めとする「公的援助」の内容を具体化した条文をつくり、一九九六年五月二九日に記者会見で発表するとともに、衆参両院の議員全員に議案を送って、「いっしょにやらないか」と呼びかけました。

国会の異様な慣行

私たちが決めていたのは、「先生、お願いします」式の「陳情政治[*21]」は一切やらないということです。それから、「おまえら、けしからん」式の「抗議政治[*22]」だけに頼っていてもいけないとも考えていました。「陳情政治」も「抗議政治」も、相手に下駄をあずける点で、本質的に変わりありません。それに対して私たちは、当事者である市民が土台としてつくった「市民立法」を、議員と共闘して「市民＝議員立法」に練り上げて議会に提出し、実現を図ろうとした。これは、全く新しい取り組みでしたが、本来なら議会制民主主義として当然そうあるべき姿です。

この根本理念に基づいて、私たちが「被災者への公的援助は党派の別に左右される問題ではない。人間全ての問題だ。いっしょにやらないか」と呼びかけたのに対し、一七人の議員が、「いっしょにやろう」と応じてきました。あと一人、地元の自民党議員が少し遅れて加わったのですが、彼は、「錆びついたポンプを動かすには誘い水がいる。その誘い水が、公的援助金の支給だ」と、本質をついた名言を口にしました。

＊21 **陳情政治**　法律上規定された請願とは異なり、省庁や政権政党など「お上」に窮状を訴えて、自分たちの追求する利益の実現を図る政治のあり方。

＊22 **抗議政治**　決定された政策の問題点を告発・断罪するのみで、対案を示さない政治のあり方。

この議員の参加で、市民と議員の共闘は、文字どおり超党派の行動になりました。

私たち市民の側では、一九九六年九月に「市民＝議員立法実現推進本部」を設立し、私が代表になりました。これを運動の中心にして、東京でも集会、街頭演説、国会前の座り込み、デモ行進を何度もやりました。「無策の政治にイエローカードを」という意味で、被災者たちが黄色の旗を掲げ、黄色のハッピを着込んで、神戸から国会前まで、ある労働組合が無料で提供してくれたあまり立派とは言えないバスで、夜行で行きました。合い言葉は「人間の国へ」です。私が、震災からちょうど一年後、新聞に書いた文章の表題「これは「人間の国」か」（『朝日新聞』一九九六年一月一七日、夕刊）を被災者がつくりかえて使ったものです。

賛同する議員の数は次第に増え、たしか一二二人まで達したと思います。私たちの「市民議案」を、既存の「災害弔慰金の支給等に関する法律」（もともとは一九七三年）を改良したものと合体させる形で、一九九七年五月、「災害被災者等支援法案」が参議院に、提案者六人、賛同者三三人の「超党派」議員によって上程されました。

ところが、それで一件落着とはならなかったのです。「災害被災者等支援法案」は「議員立法案」として正式に上程されたものの、二度にわたって「吊るし」に遭いました。私も知らなかったのですが、議会の多数派にとって好ましくない法案は、審議せずに、会期終了で廃案に持ち込む。これが、政界でいう「吊るし」です。全く、民主主義国の議会政治にあるまじきやり口です。

「吊るし」だけではありません。政治のまやかし、そのまやかしを信ずる市民やマス・メディアの無知・無理解など、さまざまです。「日本のような資本主義国で、公的援助はやっていない」と主張する政治のまやかしについては、既に触れました。あるいは、「総理大臣が地震を起こしたわけではない。政治に責任がないのだから、とる必要がない」というまやかしも言われました。それに対し、多くの市民やマス・メディアも納得顔をするのです。

私はこう反論しました。「地震が引き起こした被災を人災に変えないためにこそ、政治がある。政治の責任はそこにある。だからこそ、私たち市民は税金を払って、政治家や役人に政治をやらせているのだ。しかし、仮設住宅で被災者が連日関連死やら何やらで死んでいる今、明らかに彼らは被災を人災に変えつつある。しかも、『自助努力』を唱えて、そうした困窮の極に達した被災者が必死に求める公的援助を行おうとしないでいる。この人々がいたずらに災難のなかでただ死ぬ『難死』を遂げる『棄民』の事態は、間違いなく人災ではないか。」

よく「弱者救済」という言葉が使われますが、これは危ない用語法です。というのも、それを言った途端、救済するのは「弱者」だけでいいということになってしまうのです。私たちは、もっと一般的な公的援助を求めたのです。

概してマス・メディアは、この動きに冷淡でした。新聞記者も、テレビでコメントする「識者」も、政治家や役人と同じで、「復興は、被災者自身が『自助努力』すべきことだ。公的援助をすれば、国家経済の出費は巨額になり、日本国全体の屋台骨が揺らぐ。日本は社会主義国ではない。私的財産の補償などできないし、また、やってはならない」と盛んに言い立てたのです。

ところが、このマス・メディアが、「バブル経済[*23]」に便乗して大儲けを企み、それに失敗して危機に陥った銀行その他を「公的援助で救え」と、金融業界救援の大合唱を始めるわけです。その体たらくには、本当に今でも呆れます。銀行の経営者は、勝手に金儲けに失敗しただけです。それには六〇兆円も注ぎ込む。私たちのことは、どんなに計算しても五〇〇〇億円で済む。これには「私的領域に金を出さない」と嘯く。「民主主義国家の基本は市民だ」というアメリカは、資本主義国家であるとともに民主主義国家です。しかし、銀行は国家の基盤だから救っても、市民は救う必要がないとした日本は、「銀行国家」ではあっても民主主義国家ではありません。あるいは、資本主義国であっても、人間の国ではない。

それでも、「市民＝議員立法」運動に取り組む被災者は、困難や妨害にめげず、夜行バスで東京に行き、座り込みし、デモ行進で歩いた。他に自分たちを救う手だてがなかったからです。これこそ「自助努力」でしょう。お上が押しつけるのとは違う、

＊23 **バブル経済** 一九八〇年代後半、急激な円高、金融緩和を背景に株価や地価が高騰、投機的な取引が横行した。資産価値は、本来の水準以上に膨張した後破裂し、文字どおり泡と消えたが、マネーゲームへの狂奔は、実体経済だけでなく市民生活や人心に有害な影響をもたらした。

本当の「自助努力」です。

「被災者生活再建支援法」の成立

ようやく一九九八年、公的援助を実現する法案が、四月二二四日に参議院、五月一五日に衆議院を通過して成立しました。二度の「吊るし」を経て、「災害被災者等支援法案」が三度目の上程を果たしたのですが、その会期末近くになって、自民党が突然、「被災者生活再建支援法」を上程し、数の力で可決したのです。もっともそれは、私たちが本来望んでいた法案とは、大きくかけ離れたものでした。支援金額は最高一〇〇万円と貧弱ですし、家具の補償はできても、住宅の再建はできないといった制限が多々ありました。しかも、肝腎の「阪神・淡路大震災」の被災者に、この法律は適用されないのです（国会の付帯決議で、この法律に準ずる措置がなされるようにはなりましたが）。

それでも、私たちはこの法案の成立に同意しました。もうこの機会をおいて、公的援助の実現は不可能だと考えたからです。それに、これによって、災害に際し公的援助が必要だという認識が確立したからでもあります。「生活基盤の回復」という私がつくった言葉が、この法律で法律用語になったのです。しかし、「災害被災者生活再建支援法」は、やはり不完全な法律です。私たちは、よりよい法制度を確立する橋頭堡としてこの法律を受け入れるけれど、さらなる運動を続けようと決意したのです。

「災害被災者生活再建支援法」の成立には、画期的な意味があります。その後の災害において、法律が適用され、成果を挙げています。それだけでなく、公的援助が必要だという認識が当たり前になって、「支援法」が設定していない住宅再建への支援措置を、県や市が考慮するようになりました。

ただし、最近のマス・メディアの報道ぶりは、公的援助の法制度が実現されるまでの被災者自身の「自助努力」の闘いをまるで無視しています。これは、当時公的援助の必要性を訴えた記者たちの努力を無視することでもあります。一連の論調からは、あたかも政治の側がもの分かりがよくて、最初からそれに取り組んでくれたかのように聞こえます。この国の政治は、それほど立派なものでしょうか。被災者は、もの分かりのよいお上の仁慈をただ待っている存在だったのでしょうか。

しかも、根本的な問題がまだ残っています。私は「災害被災者生活再建支援法」が成立する直前の一九九八年四月二二日、参議院災害対策特別委員会で、参考人として陳述しました。そこで私は、災害対策として、まず国が公的援助の土台をつくり、その上に地方自治体の援助が乗り、そうした「公」的支援の上に、義援金などの「私」的支援が重なるという三本立ての支援が必要だと指摘しました。他の国で当然のように行われている三本立ての支援態勢は、これまで義援金だけで済まされてきた日本では未だ確立していない。この国は、まだ「ルワンダ」です。

そこで、私たち「市民=議員立法実現推進本部」では、災害救助法など既存のバラバラの法律を、「災害基本法」として大きくひとまとめにすることを考えています。その基本の原理は、先に一部を引用しましたが、私たちが最初につくった「大災害による被災者の生活基盤の回復と住宅の再建等を促進するための公的援助法案」の「前文」にあります。

日本は「災害大国」です。「災害大国」には、二重の意味があります。災害が頻発するという意味と、災害に対応できる能力を持っているという意味です。後者の意味で日本が「災害大国」になれば、日本は「大国」の力を他国・他地域に向けることができます。インド洋の大津波で生まれた膨大な「津波難民」の救援にも、「大国」としての識見と能力を発揮できるわけです。

それにしても、震災一〇周年に関連して、私は、マスコミの堕落ぶりを改めて思い知らされました。というのは、『朝日新聞』から、阪神・淡路大震災一〇周年にさいして「私の視点」への寄稿を頼まれたのです。依頼に応じて「『災害大国』の国づくりを」と題して、これから私たちが「市民=議員立法実現推進本部」を中心としてつくり出そうとする災害基本法についての一文を書き、向こうが求める手直しもしたのですが、その後全くなしのつぶてになった。担当者も雲隠れしている。あまりに不誠実な対応に、最後は怒って「原稿を引き上げる」と言いましたら、結局、一月一七日付けの紙面に載りました。もっともこれは、大阪本社版の話で、東京本社の紙面にはありません。

私の視点

作家　小田《おだ》　実《まこと》

◆阪神淡路大震災「災害大国」の国づくりを

震災後10年——「阪神・淡路大震災」の被災者として、また当時はあり得ないこととされた、しかし今は当然のこととされて来ている被災者に対する「公的援助」実現のために動き、「被災者生活再建支援法」のかたちで実現させた、市民と議員「共闘」の「市民=議員立法運動」の推進者として、私が今主張することは、日本を「災害大国」として受けとめ、国のあり方を変えていくことだ。その国づくりの土台として、これまでの災害関係の法律を集め、改善し、必要な法制度も新しくつくり、まとめ上げて災害憲法として「災害基本法」をかたちづくる。

私がこう主張するのは、この10年のあいだにも災害がいくらでも起こって来ているからだ。最近にも台風、洪水、地震。これほどの「災害大国」は世界に例がない。

今、ブッシュ政権のアメリカ合州国は、「テロ」対策を理由にして、彼らの売り物の民主主義と自由を犠牲にしてまで、軍事中心の国づくりをやりつつある。小泉政権の日本も、「テロ」対策を大義名分にして、アメリカの軍事路線に追随、海外派兵を行い、「改憲」を強行して「平和主義」国家の日本を戦争のできる国に変えようとしている。

しかし、「テロ」はいかに軍事力を増大、強化しても防ぎようはない。日本対象の「テロ」の危険はアメリカ追随をやめれば原理的に消える。追随をやめよ。

しかし、もうひとつ「テロ」の危険は残る。それは、台風、洪水、地震などの自然災害「テロ」だ。この自然災害「テロ」頻発の日本を「災害大国」と見さだめて、市民が安心して住める国をめざして新しい国づくりにとりかかる。「災害大国」の意味は二つ。ひとつが災害頻発の意味での「大国」だが、もうひとつは事態に対応できる力をもつ「大国」—その意味だ。

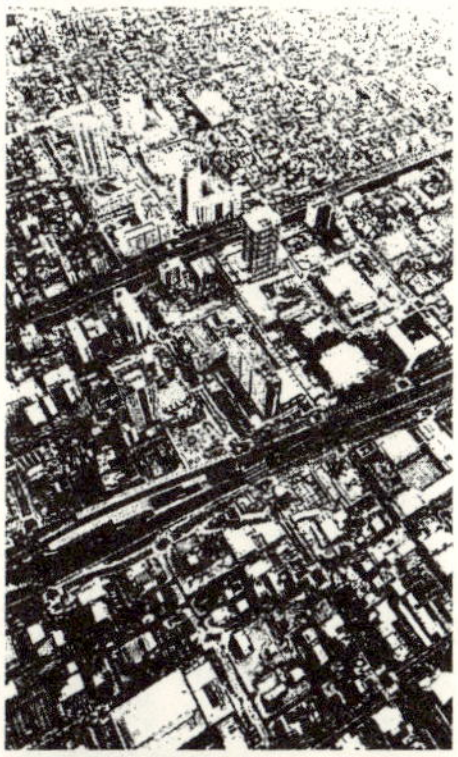

㊤震災後に建てられた高層ビルの周りには、今も更地が目立つ=神戸市長田区で、本社ヘリから㊦公的支援を求めて国会周辺をデモする被災者ら=98年4月撮影

私はここで、「阪神・淡路大震災」の被災地でかつて力ずくで強行された、商店街を路地裏ともどもつぶして防災道路や防災高層建物をつくれというようなことを主張しているのではない。

「阪神・淡路大震災」の被災地で被災者が求めたのは、生命の安全とともに住宅再建をふくめての居住、事業、雇用の確保、維持——まとめ上げて災害時の市民の生活の安定だった。「災害大国」としての国づくりの基本はまずそこにある。その法的土台として「災害基本法」がある。

今、世界に災害が満ちている。イラク、パレスチナにおける「テロ」、戦争。そしてインド洋の大津波。そこには市民の生活の安定はない。日本の「災害大国」としての国づくりは、日本人にとってだけでなく、世界の多くの人にとっても重要なこととしてある。

今、日本がするべきことはアメリカに追随しての自衛隊の派兵、その継続ではない。それよりは「平和主義」の「災害大国」として、応急の救援はもとより、長期的に大津波の結果として出現する膨大な「津波難民」の救済に日本は国をあげて努力する。これは彼らを日本にひきとることをふくめての努力だが、こうした「災害大国」日本の努力を世界はまさに必要としている。

◇

災害基本法づくりの最初の市民集会を「市民=議員立法実現推進本部」が17日午後6時から、兵庫県芦屋市の山村サロン（0797・38・2585）で開く。

出典：『朝日新聞』二〇〇五年一月一七日、朝刊（大阪本社版）

私の原稿の何が問題なのか。おそらく、震災の問題に引きつけて、アメリカや日本の政治を根本的に批判しているからでしょう。そして『朝日』は、正面からの政治批判を載せるのを怖がっているのでしょう。『朝日』にして、このありさまです。日本のマスコミは、本当にひどい状況に陥っています。

市民にとっての「有事法制」づくり

阪神・淡路大震災からおよそ一〇年の間に、何が変わったのか。二〇〇四年一〇月二三日に起こった新潟県中越地震の被災と被災者の様子を見て、阪神・淡路大震災の被災者の多くは、「何だ、同じことをしている」と思ったに違いありません。私自身、そういう印象を持っています。

相も変わらず被災者は、学校の体育館や教室に押し込められ、段ボールで仕切られての避難所暮らしを強いられる。最初は、全然食糧がない。そのうち弁当の配布が始まるが、冷たくて堅くて、特に年寄りに米飯が食えない。それから困るのが手洗い。とりわけ年寄りや障害者に、学校の手洗いは辛い。そのうち、手洗いが壊れ、汚物であふれる。

阪神・淡路大震災の時との違いと言えば、新潟では、かなりの人が、車の中で寝泊まりしたことです。もし、当時そうした事態になっていれば、もっとひどい死者の数が出ていたと思います。

阪神・淡路大震災の現場で、被災者が右往左往しながら見捨てられ、「棄民」と化した惨状を見た私は、こうした自然災害の場合にかかわって、「有事」に際しての法制度が必要だと考えている。既に述べた市民＝議員立法の運動は、そうした法制度づくりの一つです。この運動の中で、私たちは、自然災害の「有事」に迅速・全般的に対応できる公的機関としての「危機管理庁」の設立まで提案しています。ただし、不可欠な条件は、それがすべて非暴力、非武装で対応されなければならないということです。

二〇〇三年六月、いわゆる「有事法案[*24]」が成立し、翌年六月には、「有事関連七法案[*25]」が成立しましたが、こんなものは、肝腎の日本の市民のためになりません。根本から考え直すべきです。

理由は二つです。第一に、ここで想定される「有事」とは米軍絡みであって、そこにさらに自衛隊が絡み、米軍・自衛隊の「有事」に際しての活動を円滑にするための法制づくりだからです。その前提には、米軍と自衛隊が、日本を守ってくれる、市民の生命・安全を確保してくれるという認識があるわけですが、肝腎の米軍は、本当に日本を守るでしょうか。

そもそも軍隊が市民を守るのかという問題もありますが、それはとりあえず別にし

＊24　**有事法案**　日本が武力攻撃を受けたり、それが予測される事態に、自衛隊、米軍の行動を円滑にするという理由で導入された法案。自衛隊法改正案、武力攻撃事態対処法案、安全保障会議設置法案から成る。

＊25　**有事関連七法案**　主として外国からの攻撃の排除を目的とする①外国軍用品等海上輸送規制法、②米軍行動円滑化法、③改正自衛隊法、④交通・通信利用法と、有事の際の⑤国民保護法、⑥国際人道法違反処罰法、⑦捕虜等取り扱い法の七法。「国民保護」といっても、命令に従わない者は処罰され、動員を強制される。

て、今のブッシュ政権[*26]のアメリカがそれまでのアメリカとは違うという事実を直視する必要があります。ブッシュ政権の中核であるネオコン[*27]のシンクタンク「新しいアメリカの世紀のためのプロジェクト」（PNAC）が二〇〇〇年九月に作成した「アメリカ防衛の再建」という文書は、一言で言って、二一世紀を「アメリカの世紀」にしようとする計画です[*28]。アメリカを、同時に複数の大戦争ができる巨大軍事国家にし、世界各地に米軍基地を置いて「世界の警察官」として睨みを利かせ、これによって、今既に形成されつつある「アメリカ帝国」を頂点とする世界再編成を完成しようとしている。

　この大構想の下で、米軍は、それに見合う限りは日本を守るかもしれませんが、見合わなければ捨てるでしょう。挙げ句の果てには、日本から引き揚げた後、必要ならば逆に日本を攻撃するかもしれない。日本を本格的に侵攻できる国は、米国だけです。「有事」とは、もともとそうしたものとしてあるのです。小泉首相は「備えあれば憂いなし」などと嘘ぶいていますが、アメリカに追随しないことが、むしろ憂いをなくするのです。

　「有事法制」に反対する二番目の理由は、市民の生命・安全を確保するための法制度づくりがないがしろにされていることです。現実は米軍先行で、まるで本末転倒です。アメリカの大構想を考えてみれば、この本末転倒は、実に恐ろしいことです。そ

＊26　**ブッシュ政権**　二〇〇〇年一一月七日の大統領選挙後、フロリダ州での得票数の再集計をめぐる訴訟合戦を経て成立。包括的核実験禁止条約（CTBT）の批准拒否、対弾道ミサイル（ABM）制限条約からの離脱、京都議定書への不支持、国連・人種差別撤廃世界会議からの退席、国際刑事裁判所（ICC）設立条約の批准拒否、先制攻撃の是認など、単独行動主義を追求。内政面でも、「九・一一事件」を機に、愛国法の成立、国土安全保障省の創設、諜報機関の機能強化などにより、市民権侵害を伴う管理強化を推進している。二〇〇四年一一月二日の大統領選挙で再選。

＊27　**ネオコン**　もともと左翼に属しながら、

して、「国民保護」と言ったところで、「国家」の命令どおりに動けば、「国民」を保護してやるという露骨な「国権至上主義」で、守るべきはまずは「国益」*29なのです。「国」あっての「民」というわけです。

　私は、市民の生命・安全を確保する「市民安全法」の法制度を持つべきだと考えます。その基本的な理念とは、市民が軍や官にただ「保護」されるべき存在なのではなく、自らが人権と主権を持つ存在だということにあります。そして「市民安全法」は、軍・官に対する命令拒否権、中立権、「非武装都市・地域」宣言権、敵・味方の軍・官に対する抵抗権、自主交渉権、自由独立権、さらに、場合によっては、白旗を掲げて生命・安全の確保を図る「白旗権」といった権利を基本とするものです。

　ある民主党の国会議員が、うまいことを言っていました。彼は、「政治家は、嘘はつかない。状況が変わるから、それに合わせるだけだ」と言うのです。「有事法制」をしゃにむにとおした小泉首相は、まさに状況を変えたがっているわけです。しかしそれは、市民の生命・安全を守るのとは正反対の方向です。

市民の政策づくりの意味

　このような市民による政策づくりがあって初めて、「主権在民」の民主主義政治は実現する。私はそう考えています。政府の役人が議会を使って法律をつくり、市民に

ソ連との緊張緩和に反対して宗旨替えし、レーガン政権期（一九八一～八八年）に反共独裁国家を支援した。米国の理念・国益を、他国、特に非西欧世界で、軍事力を使ってでも移植・貫徹しようとする点で極端に独善的かつ攻撃的である。

*28　①湾岸地域を軍事的に統制する、②アメリカのグローバルな突出を維持する、③複数かつ同時の戦争を遂行し勝利する、④アメリカのグローバルなリーダーシップの最も有用な手段としてイギリスを利用する、⑤平和維持ミッションを米軍の指揮下に置く、⑥ヨーロッパをライバルと見なす、⑦中国の体制転換を図る、⑧サイバー・スペースを完全に支配する、⑨生物兵器を開発する、

強いる政治は、「議会制民主主義」を看板に掲げてはいても、「主権在民」の政治ではありません。与党が数にまかせて多数決で押し切る政治も、あるいは日本の「有事法制」やアメリカの「愛国法」のように、多くの人の反対を無視して与野党の野合で進める政治も、「主権在民」ではない。「主権在議員」です。

このような問題を早くから認識していたのが、中国革命の立役者・孫文です。彼の政治原理は、「民族」「民権」「民生」の「三民主義」ですが、このうち「民権」とは、彼によれば、「民」が政治を管理することです。そして、その政治とは、「立法」「行政」「司法」の三権に「考試」と「監察」の二権を加えた「五権憲法」の政治です。この政治を管理するのが、「民」の「選挙権」「罷免権」「創成権」「複決権」の四権です。

「選挙権」については、説明する必要はありません。「罷免権」とは、「民」が、無能・不正の役人を辞めさせる権利です。「創成権」とは、「民」が必要な法律をつくる権利です。「複決権」とは、「民」が、悪法を変えやめさせる権利です。

世界の圧倒的多数の「民」は、ようやく「選挙権」を持つに至ったに過ぎません。これに三権を加え、四権を「民」が持たない限り、「主権在民」の政治はない。孫文は、そう説いたのです。

「市民＝議員立法」運動を展開している過程で、新しい「主権在民」の政治の形が

⑩危険な政体として北朝鮮・リビア・シリア・イランを位置づける、を主な内容とする。

＊29 **国益** 国家が、その対外行動において追求すべき価値・利益とされるもの。高度に複雑化した現代社会にあって、そもそも単数形の national interest が存在するのか、またそれが高次の地球益・人類益に合致するのか疑問の余地があり、政策決定者の恣意的な判断を正当化する道具的概念に過ぎない場合も見られる。

見えてきました。たとえば、Aという問題について市民が政策をつくり、それを法案として「市民＝議員立法」の形で実現を図るとすれば、そこにはおのずと「A市民＝議員立法」党ができる。同じように、Bという問題については「B市民＝議員立法」党、Cという問題については「C市民＝議員立法」党ができる。市民も議員も、いつも同じ人が同じ党にいるとは限らない。そこで、問題によって、A党にいた人がB党に来たり、C党にいた人がA党に来たりする。要するに、議会における縦割りの政党政治という固定化した構造を、市民という横からの力で打破し、政治を活性化しようということなのです。大阪大学大学院国際公共政策研究科で「現代政策論」を講義している理由も、そこにあります。

「世界平和宣言」としての日本国憲法

既に述べてきたように、日本の政治では、徹底した「棄民」が行われてきました。それも、「公共」の名において、ひどいことが堂々とまかりとおってきたわけです。

大震災で、天災のすさまじさと人災のひどさによって、人々は一瞬のうちに「棄民」にされました。その「棄民」は、お互いに助け合った。誰に強制されるわけでもなく、対等、平等、自由に助け合ったのです。「共苦」、そして「共助」を経て、「共生」の土台がつくられたように感じます。

人間は、一人では生きていけません。誰もが社会の一部として、その形成・維持に参加しながら生きているわけです。これが「共生」ですが、そこで重要なのは、どのようにお互いがお互いの違いを認めあって、対等、平等、自由に「共生」するかです。耳障りのよい単なるはやり言葉として語られる「共生」には、この基本的な視点が抜け落ちています。

他方、「棄民」の現実は、「平和憲法擁護」[*30]を謳う「革新」自治体が、自前の救援組織をつくってこなかった、それゆえ、いざ災害が起こると、長年「平和憲法」に違反するとしてきた自衛隊に頼らざるをえない政治社会を放置してきたことを如実に示しました。自衛隊は、そもそも救援のためではなく、戦争するためにつくられた軍事組織です。「平和憲法」の原理は「殺すな」にあるはずなのに、基本的に「殺す」を内包する軍事組織に頼るのでは、その原理の実現はできません。「平和憲法」的な「市民の防災」態勢をつくりあげることが、その価値の実現にとって、計り知れない重要性を持っていると考えるわけです。

そこで、日本国憲法をめぐる問題に、話を進めましょう。私の空襲体験は既に話しましたが、アメリカは、あのような一方的な破壊と殺戮を行った後、日本に民主主義を持ち込みました。一九四五年三月一〇日の東京、その後の名古屋、大阪、神戸と続く空襲を指揮したのは、カーティス・ルメイ[*31]という人物です。低空から焼夷弾を投下

＊30　**平和憲法**　日本国憲法は、第九条（「①日本国民は、正義と秩序を基調とする国際平和を誠実に希求し、国権の発動たる戦争と、武力による威嚇又は武力の行使は、国際紛争を解決する手段としては、永久にこれを放棄する。②前項の目的を達するため、陸海空軍その他の戦力は、これを保持しない。国の交戦権は、これを認めない。」）により、規範のレベルで徹底した平和主義の立場をとっていることから、しばしば「平和憲法」と呼ばれる。

＊31　**カーティス・ルメイ**　一九〇六〜一九九〇年。空軍参謀総長まで昇進し、一九六五年に引退。一九六八年大統領選挙でアメリカ独立党副大統領候補。

して、日本中の都市を焼け野原にしようと考案したのがルメイです。この焼き尽くし作戦は、見事に成功しました。ルメイ自身、後年、「もしわれわれが戦争に負けていたら、戦後自分は戦犯裁判の被告になっていただろう」と語っているほどです。B＝29の搭乗員たちも、低空飛行していましたから、大空襲による熱風や死体が焼ける臭いを嫌と言うほど感じたと証言しています。

実はこのルメイは、一九六四年一二月、米空軍参謀長として来日し、勲一等旭日大綬章をもらっています。航空自衛隊を育成した「功績」が、受賞の理由です。この好戦的な男は翌年二月、「ベトナムを石器時代に戻してやる」と広言して、「北爆」[*32]を始めました。ベトナムの「北爆」には、B＝29より一回り大きいB＝52爆撃機が使われました。私がその後ベトナム反戦運動を始めたのは、この事実も関係しています。

話をもとに戻すと、アメリカは、最後には原爆を落として、日本に民主主義を持ち込みました。敗戦当時私は一三歳でしたが、空襲で死にかかった私は、「戦争は間違っている」と否応なしに感じました。どんなに「正義」を語り、「民主主義」を持ち込んだところで、殺戮と破壊が先にあってはダメなんだと思いました。今一三歳のイラクの少年少女が、「民主主義と自由」を振りかざして一方的に殺戮と破壊を繰り返し、占領軍として居座る米軍をどう見ているだろうかとつくづく思います。

そこで、第二次大戦後日本人は、アメリカ流の「民主主義と自由」とは違う、独自

＊32　**北爆**　一九五四年七月二一日、ベトナム民主共和国（北ベトナム）が旧宗主国フランスの武力干渉を排して独立を達成、以後フランスに代わって米国が、南ベトナムの反共軍事独裁政権を支えた。一九六四年八月、米艦が北ベトナム魚雷艇の攻撃を受けたトンキン湾事件をきっかけに、翌年二月から一九六九年一〇月まで、米軍は北ベトナムへの持続的爆撃（北爆）を強行した。その後、事件発生の半年前から米軍が北爆を計画していたことが明らかになった。

の民主主義をつくりあげてきた。それは、民主主義と平和主義の結合です。それが平和憲法であり、そのシンボルが九条です。戦後の日本は、民主主義と平和主義が車の両輪となって動き出した。アメリカは、車の両輪を持たない民主主義と自由なのです。

アジア・太平洋戦争において日本軍は、中国大陸で「三光政策」[*33]を繰り返し、中国人民の憤激と憎しみを買ったわけですが、私たち日本人は、殺し、焼き、奪う歴史をアジアに展開し、この戦争で二〇〇〇万人という膨大な犠牲を強いました。そして、今度はそれが自分たちに戻ってくる。殺され、焼かれ、奪われる歴史が戻ってきて、日本人の死者は軍民合わせて三一〇万に達したわけです。そして、なぜそういう事態に至ったかと言えば、まさに日本の近代の歩みに問題がある。こういう歴史的な省察が不可欠です。

それから、日本国憲法の起草にアメリカ人の手が入ったことは事実ですが、彼らは別に「アメリカ人」として書いたわけではありません。戦争の悲惨を自らも体験するなかで、もう金輪際戦争を終わらせたいと願う人間としてペンを執ったと見るべきでしょう。お互い敵味方に分かれて、メチャクチャに殺し合った。もうこんなことはやめようじゃないか。この世界大戦を最後の戦争にしようじゃないか。そういう思いは双方にあったのでしょう。だからこそ、幣原喜重郎[*34]がダグラス・マッカーサー[*35]を訪問して、戦争放棄の憲法を提案し、マッカーサーもこれを了解したのだと思います。マ

*33 **三光政策**　関東軍の謀略による柳条湖事件に始まる一五年戦争の間、日本軍は中国民衆の頑強な抵抗に直面した。一九四一年から特に華北・中国共産党支配地区への「粛正作戦」を強化、ゲリラの根拠地を絶滅するため、「奪いつくし、殺しつくし、焼きつくす」三光作戦を各地で展開した。

*34 **幣原喜重郎**　一八七二〜一九五一年。第一次世界大戦後のワシントン体制のもとで、国際協調外交を展開、軍部や枢密院から「軟弱外交」と攻撃された。第二次大戦後、「一億総懺悔」を唱え、天皇制支配の存続を図った東久邇稔彦内閣が、連合国最高司令部（GHQ）の民主化政策の衝撃で総辞職した後、

ッカーサーでさえ、とにかくこの戦争を最後にしたいという気持ちがあり、そういう思いがこもったものとして日本国憲法ができ上がったと捉えるべきでしょう。

私はもちろんまだ子どもでしたが、当時世の「識者」たちが、「こんな民主主義は輸入したものだ。押しつけられたものだ。何を喜んでいるのだ」というようなことをよく言っていました。今でも「押しつけ憲法」論を叫ぶ人は多いようですが、その人たちは、日本人が民主主義と平和主義を結合させて、独自の民主主義をつくり出したということを理解していないのだと思います。私たちの民主主義は、日本独自の、世界にない民主主義です。むろん、アメリカ合州国にもありません。これは、とても重要なことです。

そう考えると、日本国憲法は、日本一国だけの憲法ではないのです。世界の多くの人々の思いがこもっている。憲法九条は、戦争で殺し殺されるのを繰り返してきた果てに、いい加減に戦争はもうやめようじゃないかという全世界の気持ち、平和を大事にしたいという世界の人々の気持ちが凝縮して表現されたものと言えるのです。

事実、ベトナム戦争当時、私たち「ベ平連（ベトナムに平和を！市民連合）」[*36]は、戦争参加を拒否したアメリカの脱走兵を助けるという運動も展開しました。その時、何人もの脱走兵が、「われわれは、この戦争拒否の平和憲法の下で暮らしたい」と言っていました。日本国憲法は、彼らの気持ちをも代弁したわけです。

首相に起用される。一九四六年元旦の「天皇人間宣言」を起草したほか、女性参政権の承認、農地改革、財閥解体など一連の改革政策の仕上げとして、憲法改正事業を進めた。

＊35 **ダグラス・マッカーサー** 一八八〇～一九六四年。陸軍軍人の家庭に生まれ、父親の任地の関係で、極東の事情に詳しい軍人として、アメリカ陸軍の要職を歴任。アメリカ極東陸軍司令官として太平洋戦争に参加、フィリピンで日本軍に敗れ、"I shall return"を誓う。一九四四年元帥となり、日本敗戦とともに翌年八月三〇日連合国最高司令官として日本に進駐、GHQの指令をとおして戦後日本の絶大な権力者として振る舞った。

戦後国連は、「世界人権宣言」を出しました。本来なら、「世界平和宣言」「世界反戦宣言」も出すべきだったと思います。しかし、国連をつくったのは、戦争の当事国だったので、それは実現しなかった。一国の憲法という形でそれを表明したのが、日本国憲法です。これは、「世界平和宣言」です。だからこそ、平和のための取り組みをしている世界中の人々が注目している。だからこそ、「いまこそ旬」なのです。

「九条を守れ」という機運の高まり

この平和憲法をいつもつぶしにかかってきたのが、言うまでもなく日米安保条約です。安保条約の遂行に最も障害となるのは、平和憲法の第九条です。だから、「これをなくせ」という動きが、現在かつてないほど強まっています。私は長年、軍事条約の「安保」をやめて、日米関係を日中のように、「覇権を求めず、求められず」という対等・平等・自由の原則と、問題の解決に暴力を用いないという平和主義の原則に立った平和友好条約を基本にしたものに変える必要があると考えてきました。軍事条約にあっては、強い側が弱い側を意のままにしようとするのが常なのです。

ちなみに、日米「友好」が、周囲に多大の犠牲を強いた先例があることも、覚えておくべきでしょう。それは、日露戦争後のポーツマス条約です。その第二条は、ロシアが日本に、朝鮮半島における政治・軍事・経済上の「卓絶ナル利益ヲ有スルコトヲ

＊36 **べ平連**（ベトナムに平和を！市民連合）米軍の北爆に抗議し、一九六五年四月二四日、小田実、開高健、鶴見俊輔、いいだもも、高畠通敏らが呼びかけた東京・清水谷公園でのデモに一五〇〇名が参加、「べ平連」が発足した。その後、同年八月の「徹夜ティーチイン」、一一月一六日付『ニューヨーク・タイムズ』紙への反戦意見広告、一九六六年八月の「日米市民会議」、一九六七年一一月、米空母「イントレピッド」号の水兵四名を初めとする反戦脱走米兵の支援、米軍基地内での地下反戦組織の結成、毎月一回の定例反戦デモ等々、既成の組織や観念にとらわれないユニークな活動を展開した。六〇年代末、全国で三〇〇以

承認」すると明記しています。戦争の当事者でもない朝鮮人が、この条約によって、日本の指導・保護を受けることになってしまったのです。なぜアメリカが調停に入り、日本が受けたのか。それは、それぞれ「一等国」として自他ともに認められたいという帝国主義的な思惑が一致したからです。

現在の日米の歪んだ関係は、二〇〇四年八月一三日、沖縄県宜野湾市の沖縄国際大学構内に米海兵隊の大型ヘリコプターが墜落、炎上した事故で、改めて浮き彫りになりました。この事故は、大学の建物にも被害をもたらし、まかり間違えばとんでもない重大な人身事故になる恐れがありました。ところが、この事故後、米側は、日米地位協定[*37]を盾に、日本の警察の現場検証を許さない。けれど、今回のような米軍基地外での米側の警察権は、「合衆国軍隊の構成員の間の規律及び維持のための必要な範囲に限る」(一〇項b)とされ、米兵同士のけんかなどに及ぶだけのはずです。国民の生命と安全を脅かしたこれだけの重大事故について、県警の現場検証を拒否するというのは異常です。そもそも不当な地位協定というのは、要するに米軍駐留に関する協定ですから、根本問題が「安保」にあるのは明らかです。

ともかく、米軍が、事故後、大学の許可を得ずに無断で構内に入り、勝手に立ち入り禁止区域を設定して、大学関係者、学生、市民、警察の立ち入りを禁止する。海兵隊員が現場を取り囲んで、警官は立ち入ることもできない。市民やマスコミの撮影を

上の「べ平連」が自生的に生まれた。小田実『「べ平連」・回顧録でない回顧』(第三書館、一九九五年)。

＊37 **日米地位協定** 日米安全保障条約第六条に基づく米軍地位協定として、一九六〇年六月二三日、新日米安保条約と同時に発効。米に対する日本側の基地提供、基地の維持と円滑な運営、米軍人・軍属の特権などを定める。特に、在日米軍施設の七五パーセントが集中し、米兵による殺人・婦女暴行事件などが多発する沖縄では、この地位協定の抜本改正が切実に望まれている。

妨害する。事故の三日目に、また勝手に大学敷地内に入り、立ち木を伐採し、機体残骸を搬出する。現場を視察に来た外務政務次官が、米軍の管理する黄色いテープのなかに入ることができず、「これではまるでイラクの占領地だ」と発言しましたが、まさにそのとおりです。司令官は、事故を陳謝するため伊波洋一・宜野湾市長を訪れたようですが、墜落した同種の大型ヘリコプターの飛行訓練再開も、一方的に通達しています。そして、飛行再開について、伊波市長が、沖縄駐留の米海兵隊に抗議しても、まるで馬耳東風です。

相手の人間を人間と思わないこのような米側の対応は、まさに常軌を逸していると言わざるをえません。「有事」の際の「国民保護」と言ったところで、平時におけるこの事故処理にこれほどの住民無視をして平然としているのですから、本当の「有事」の場合、米軍が「保護」してくれるなどという前提自体、きわめて疑わしいと言えるでしょう。

やはり、今求められているのは、もう一度平和憲法の原理に基づいて、日本の未来を構想することだと思います。その意味で、私たちが立ち上げた「九条の会」の講演会に、本当に多くの人が参加しているのは、実に注目すべき現象です。

二〇〇四年七月二四日、東京で開かれた発足記念講演会で私も話をしましたが、会場は、九州、沖縄や東北地方などからも駆けつけたという参加者一〇〇〇人で埋め尽くされました。地方での最初の講演会は、九月一八日の大阪でした。井上さん、澤地さんと私が講演したのですが、会場の中之島公会堂には、昼前から長蛇の列ができていました。何でも、前夜に長崎から来て一泊した方が列の先頭だったそうです。ともあれ、会場は一五〇〇人で満員。加えて、二二〇〇人もの人が、会館前の階段や敷地、近所の木陰などで、特設スピーカーから流れる講演に聞き入っていたということです。

私は行きませんでしたが、九月二五日の京都でも、第二会場までいっぱいになって、合計二五〇〇人が参加した。二〇〇〇~三〇〇〇人の人が、入りきれずに諦めて帰っていったという話です。私自身はその後、北海道と沖縄に行きました。一一月二五日の札幌では、寒波のなかを三〇〇〇人もの人が会場に来てくれ、鶴見さん、奥平さんと講演しました。やはりここでも、入れずに帰った人が、五〇〇〇人ほどいたそうです。この講演の後、『北海道新聞』は一二月四日の夕刊で、「九条の会　広がる輪」という大きな記事を掲載しました。さらに、一二月一日の那覇でも、第二会場を含め、超満員の二〇〇〇人が参加してくれました。大江さん、奥平さんと一緒にやったこの講演は、翌日の『沖縄タイムス』が一面トップで伝えています（次頁に掲載）。

たしかに『赤旗』を除けば、全国紙もテレビも、「九条の会」の活動を無視しています。大学でも、現役の教授たちは、萎縮して発言しない。しかし、それに反比例するかのように、普通の市民が、「九条を守れ」という思いをますます示すようになっ

「九条」の重要性強調

小田実氏ら識者講演

那覇市内

日本と世界の平和な未来のためにを合言葉に「九条の会」発足記念沖縄講演会が一日夜、那覇市民会館で開かれた。同会呼び掛け人で作家の小田実氏と憲法研究者の奥平康弘東大名誉教授、作家の大江健三郎氏の三氏が講演。それぞれの戦争体験や憲法制定の経緯を振り返り、武力による紛争解決を放棄した九条の理念と重要さを強調した。「九条」の理念がなくなった場合の日本の将来に危機感を募らせ、改憲の動きに反対するよう呼び掛けた。会場には別室や立ち見も含め約二千人が詰め掛けた。（2・3・27面に関連）

改憲阻止を訴える奥平康弘氏、小田実氏、大江健三郎氏（左から）＝1日、那覇市民会館

同会は九条改正を目的とした改憲の動きを食い止めようと、評論家の加藤周一さんら文化人九人が呼び掛け人となり今年六月に結成。地方都市の講演は大阪を皮切りに那覇が五回目。

小田氏は、一九四五年に大阪で空襲を体験した話を軸に話した。日本がかつて中国で行った空襲や現在米国が行っているイラク攻撃まで続く爆撃を重ね合わせ、「戦争を知らない若い人にも、大事な憲法だということを歴史の中で考えてほしい。単に日本だけの問題ではなく、憲法九条は今こそ普遍的に適用する原理だ」と述べた。

奥平氏は現状の改憲問題とからめ、領有権をめぐる中国との問題などで、大国主義的な動きが国内に出てきたことを危惧。「ひとたび改正を許したなら、人々の思想にまで手をつけるということが付随して出てくる」と危機感を訴えた。

大江氏は「拡大解釈の限りを尽くした日本の政府、政治家が何をやったか。現在の小泉政権が米国のブッシュ政権と組んでやっていること、九条がなくなった事態を考えると、私は恐怖だ」と強調。「戦後、五十九年間守り続けた日本人の市民の実力を信じたい」と期待した。

講演に先立ち、県内の学生四十人の朗読にあわせて会場全体で憲法前文と九条の全文を読み上げた。九条改正阻止のための行動を盛り込んだ「私たちの決意」を採択した。

出典：『沖縄タイムス』2004年12月２日、朝刊

ています。「九条の会」結成一周年には、東京で一万人の聴衆を集めたいと思っているのですが、それも不可能ではないでしょう。

なぜこれほどまでに多くの人が、「九条の会」に期待を寄せ、講演会を聞きに来るのか。面白いのは、改憲派の論者が、「数の問題ではない」と、いつもならわれわれが使うセリフでもって、会の盛り上がりに冷水を浴びせようとしていることです。私が考えるに、普通の市民は「ひどすぎる」という程度では、まだ立ち上がらない。「いくら何でもひどすぎる」となって、ようやく立ち上がる。「帝国」の歓心を買うためのイラク派兵、国会の形骸化、大企業の横暴等々、昨今の状況に、多くの市民は「いくら何でもひどすぎる」と感じざるをえなくなったのでしょう。

最後に、「公共政策[*38]」を研究していくうえで、「理想社会とは何か」「住みたい社会とはどういうものか」と常に考えてほしいと思います。それから、「正義」を考えることはもちろん重要なのですが、「正義の女神」の「正義の鏡」を振りかざして、「天に代わりて不義を討つ」式の一方的な裁断には陥らないようにしてほしい。ハワイの先住民族カナカ・マオリ族には、元来そうした「正義」という言葉はなく、それに相当する単語は、バランスをとる、平等・公正に分配することを意味していたそうです。ハワイの植民地支配の遂行者であるアメリカは、またしてもブッシュを大統領に選び、正義・不正義の二元論に立って、これからも派手に「天に代わりて不義を討」ちそう

＊38 **公共政策**　社会全体にかかわる問題について、社会の構成員が参加して、利害や意見の対立を非暴力的に調整しながら、対処し解決する指針。環境、経済、文教、福祉、労働、外交、防衛といった個別政策分野の総体。

です。しかし私は、そうした「正義」よりも、平等・公正に分配しバランスをとる先住民の「正義」の方が、はるかに上等だと思います。これこそ「共生」のための英知です。

「共生」の英訳語として私が考え出したのは「co-habitance of different values」ですが（「co-existence」ということばは、あまりに政治的で、国際会議にふさわしいかも知れませんが、人間の「共生」にふさわしくない。また「symbiosis」はあまりに生物学的で、「アメーバ」の「共生」にふさわしいが、人間の「共生」にふさわしくない。人間はともに居住する存在です。「habitat」なしには「共生」できない。そこで私が造語したのが、この英語です）、ちがった価値、居住環境をもつ一方、人間が「共生」する。その一方人間のいろいろな価値を対等・平等に保障する。これが民主主義です。ブッシュはアメリカを一色にしようとしている。日本も同じです。それは民主主義ではありません。それから、力ずくで物事を解決しようとしない非暴力・平和主義。民主主義と平和主義。この両輪で私たちは今後もやっていこう。これが私の話のしめくくりです。

第2章

いま、平和論を再考する

加《か》藤《とう》周《しゅう》一《いち》

1919年、東京生まれ。評論家、医学博士。東京帝国大学医学部卒業。在学中にパリ大学へ留学。医学研究のかたわら西欧各国の文化を研究。現在、「九条の会」呼びかけ人。東西文化に通じた旺盛な評論活動を展開。著書に『日本文学史序説』（筑摩書房、1980年）（大仏次郎賞受賞）、『政治と文学』（平凡社、1958年）、『現代ヨーロッパの精神』（岩波書店、1974年）、『芸術論集』（岩波書店、1976年）、『抵抗の文学』（岩波書店、1951年）、自伝『羊の歌』（岩波書店、1979年）、共著『ヨーロッパ・二つの窓』（リブロポート、1986年）などがある。

平和と戦争の定義

今日は、大きな問題、平和についての話をしたいと思います。

一九九二年、京都の立命館大学に「国際平和ミュージアム」が開設され、私は初代館長に就任したのですが、平和について展示しようということになって困りました。何も珍しい平和なものなどないからです。戦争については視覚に訴えるのが楽です。原子爆弾があり、焼けた湯呑とか、戦争中の食べ物がなくなった時の写真とか、皆劇的で記録も多く展示が容易です。結局、国際平和ミュージアムは過去の戦争の記念碑です。このように戦争は話しやすく展示も可能ですが、平和について伝えることは難しいです。

言葉の面から言うと、平和と戦争にはいろいろな意味があります。一般的には、戦争のない状態が平和です。戦争はこういうものだと定義し、それのない状態が平和だと考えますが、逆に平和の否定は即戦争にはなりません。

戦争の一番狭い定義は、武器を使った紛争で、かなりの大規模なものということです。誰がそれをするかと言うと国家です。そういう狭い定義が定着したのは一八〜一九世紀頃のヨーロッパです。はっきりとした国境のある、主権[*1]をもった nation state があって、その国と他国とが武力紛争を起こせば戦争だと定義されます。ヤクザやギャングの集団が武装闘争をして、かなりたくさんの武器を使ったとしても、これらの

＊1　**主権**　国家が、領域内で人、物、事実に対し排他的に統治を行うとともに、対外的に自主独立の政策決定を行う地位と権能。

集団は国家ではないですから、戦争とは言わないでしょう。

「九・一一」[*2]で大勢の人が死にましたが、直後に、ブッシュ大統領は「テロリズム[*3]との戦い」、「戦争」という言葉を使いました。この使い方は怪しい。先ほどの定義からすれば、国家対国家ではない。ブッシュ大統領は米国軍を使うのですから、明らかに国家の武力行使ですが、相手は国家ではありません。オサマ・ビンラーディン[*4]という人が指揮して（彼はギャングの親玉かもしれないし、愛国者かもしれないです）、アルカイダ[*5]というグループと組んで、ニューヨークのワールド・トレード・センターを攻撃したということになっています。ビンラーディンは時々テレビに出てきますが、インタビューも少ないし話をした人も少ない。どういう人かよく分かりません。アルカイダが彼の指揮下にあるということですが、ビンラーディンとアルカイダの関係もはっきりしていません。

アルカイダは国家ではない。国家と国家との武装紛争が戦争だという定義に従うと、war on terrorism というのは、形容矛盾です。ブッシュさんは、そういうことをあまり気にしないですね。

戦争を広く解釈し、平和ももっと広い意味で比喩的に使うこともあります。心の平和という時、明らかに武装闘争とは違い、争いがなく調和がとれ、皆一緒に仲良く暮らしていれば平和ということになります。そういう広い意味での平和は、たとえば、

＊2　**「九・一一」**　二〇〇一年九月一一日、ハイジャックされた民間飛行機二機がニューヨークの世界貿易センタービル、一機が首都ワシントンの国防総省、もう一機がペンシルベニア州ピッツバーグ郊外に激突・墜落し、三〇二五名の死者を出した「同時多発テロ」と呼ばれる事件が発生した。世界貿易センターに激突する直前のボーイングから閃光が走り、ビル崩壊直前に多くの爆発音が聞かれていたほか、国防総省の外壁の穴がボーイングの機体よりはるかに小さいなど、事件自体に不明瞭な点が多い。

＊3　**テロリズム**　一定の政治目的のために、恐怖手段に訴えて遂行される暴力行為。遂行主体により、集団的テロリズ

カトリック教会では、お祈りの時「天に栄光、地に平和」、正確には「天のいと高きところには神に栄光、地には御心にかなう人に平和あれ」と言います。平和は、ラテン語ではpaxです。Et in terra pax hominibus bonae voluntatis. 要するに、「地には善意の人々に平和がありますように」ということです。

paxという言葉から、幾つかのヨーロッパ諸国で、平和を意味する語が生まれました。一番近いのは、イタリア語のpace。それからフランス語のpaix。そして英語のpeaceもおそらくpaxから来ているだろうと思います。だんだんラテン系の言語から離れますが、ドイツ語では平和はFrieden。これは、語源がpaxとは全く違います。ゲルマン語だから、ラテン語から来たのではありません。

戦争も同じです。ラテン語はbellum、イタリア語がguèrraで、フランス語はguerreです。ところが、英語とドイツ語はラテン系ではなくて、英語で戦争はwar、ドイツ語ではKriegです。

このような言葉の違いとともに、先ほど述べたとおり、定義の違いがあります。狭い定義では、たとえば、war on terrorismという表現は、曖昧な感じがします。それから、「地には平和を」というときの平和ですが、狭い意味の平和があれば、広い意味の平和も自動的に伴うかというと必ずしもそうではありません。狭い意味の戦争が国家間の武装闘争、武装紛争で、それがないのが平和だという定義に従いますと、

ムと個人的テロリズム、国家テロリズムと反政府テロリズムとがある。近年は動機が多様化し、攻撃対象が要人から一般市民に広がり、攻撃場所も拡大した。テロリズムの定義は、支配者側・被支配者側の立場により、本質的に異なってくる。

＊4　**オサマ・ビンラーディン**　一九五八年生。ソ連のアフガン侵攻後、対ソ戦に参加し、アメリカ諜報機関の支援を受ける。その後反米に転じ、サウジの建設王である養父から相続した膨大な資産を背景に、世界各地でテロ支援を行っているとの嫌疑が持たれている。

＊5　**アルカイダ**　アラビア語で「基地」を意味する。オサマ・ビンラーディンが、アフガンでのイスラム義勇兵を集め、

闘争状態がなくなることで、広義の「地に平和」に出てくるような平和が実現されるとは限らないです。

たとえば、ローマ帝国[*6]は、その軍事力・経済力・技術力もあって、大部分の地域で、狭い意味での戦争がなかった。だからその地域は平和だったかと言えば、広い意味での平和は必ずしもあったわけではない。ローマの命令をおとなしく聞いていれば、ピラトの言うことを聞いていれば、平和です。しかし、もし命令や要求を聞かなければローマは罰するし、罰するのに抵抗があれば、軍隊を使って弾圧します。だから、そういう意味で自由がないです。自由がないけれど平和だということがありうるわけで、それは明らかに第一義的な狭い意味での平和です。

しかし、自由がなくても、第二義的な平和もある程度ありえます。最近の例では、アドルフ・ヒトラー[*7]のドイツです。その時代、後半は大変な戦争になりますが、彼が一九三三年に政権を握った後、ユダヤ人でないドイツ人は、人によって違いはあれ、ある意味で平和でした。食べ物は十分にあり、好きな時に遊んだり働いたりでき、職業の選択、誰と一緒に暮らすかなどということも強制されないで、かなりの程度個人の自由はあったのです。人種的偏見を特徴とするレジームだから、ユダヤ人にはなかったけれど、ナチの体制の中でも自由は大いにありえたのです。

「総統」と訳されるフューラー(Führer)は、「指導者」という意味です。ヒトラ

反米・反イスラエルの国際的なテロ・ネットワークに仕立て上げた。

***6 ローマ帝国**　紀元前二七年、アウグストゥスが全地中海世界を統一し、プリンケプス(元首)の政治を始めた。彼から五賢帝の時期までの約二〇〇年間、辺境の守りが固く、国内の治安も確立した黄金期として「ローマの平和」と呼ばれる。しかし実態は、ローマによる武力支配であり、五世紀のアウグスティヌスは、『神の国』でこの「地上の平和」を根本的に批判した。

***7 アドルフ・ヒトラー**　一八八九〜一九四五年。極端な人種主義、ドイツ・ナショナリズム、反ユダヤ主義、反社会主義、反議会主義を奉じ、巧みな雄弁術でナチ党を

ーが第一人者で、ヒトラーの悪口を言ったら、皆すぐ逮捕され殺されさえしました。ドイツの同盟国・日本では、天皇陛下が神様でした。日の丸を掲げて「天皇陛下万歳」と唱え、学校の子どもたちは土下座しなければならなかった。顔を挙げて見てはいけない、神様だから。土下座していると、その前を天皇は乗馬、または馬車、または自動車でとおります。まあ、ちょっと覗き見もしましたが。大きい声で悪口を言えば捕まりました。ヒトラーと同じです。そういう意味で自由はありません。

たいていの場合、自由があるかないかというのは、おおざっぱな言い方です。どの程度の自由があるかです。ほとんどすべての社会において、極端な貧困があれば別ですが、どういう食べ物を食べるか、どういう着物を着るかなどは自由です。どこの国でも、ヒトラーのドイツでも、戦前の日本でもそうでした。

言論の自由[*8]については、新聞に意見を書くのは自由ではありませんが、家で友達と話している限りは自由です。新聞やテレビで話すのは自由でなくても、学校の教壇で話すことは自由です。教壇はそういう意味で面白い位置にあります。公式の機関だけれども、たとえば国立大学でも、ドイツの大学は全部国立ですが、そこで話すのはかなり自由だったでしょう。しかし、大学のなかでも、制限されることがある。同じことを家に帰って家族と喋っている限りでは、大学の教室よりも自由です。夫婦の会話が自由でない社会はほとんどないでしょう。そこまでは政治権力は介入しないです。

第一党に躍進させる。一九三三年一月三〇日、首相に就任。一党独裁体制を確立し、一九三四年八月以降大統領を兼ねて「総統」と称する。強制的画一化の暴力支配と、第二次大戦での絶滅戦争を遂行。一九四五年四月三〇日、ソ連軍によるベルリン陥落を前に自殺。

＊8　言論の自由　自己の意見を自由に発表し、他者の発言を自由に受容する権利であり、基本的人権の一つ。日本においては言論の自由は、明治憲法下では「法律ノ範囲内ニ於テ」（第二九条）認められたに過ぎず、厳重な言論統制・弾圧のための法律が存在した。日本国憲法は、「集会、結社及び言論、出版その他一切の表現の自由は、これを保障する」（第二一条）

どこから自由が抑えられるか、どこから言いたいことを言うと危なくなるかは、内容だけではなくて、どういうところで話すかによります。今私は幸いにも大学の教壇で話しているので、そこで話したことの内容によって警察に捕まることは現在の日本ではない。これからもそうならないことを望んでいますが、今のところまだそこまではいってないです。

しかし、新聞では制限があります。新聞では、逮捕はされないけれど、ある種の言論は載りません。日本の新聞に言論の自由があると考えるのは幻想です。言ってはいけないことが実際にはかなりたくさんある。それを報道したらどうでしょうかと言っても載りません。万一載れば攻撃を受けます。合法的・非合法的な暴力に脅かされます。

平和な社会ならば最大限の自由があるかというと、そうではないのです。自由が非常に制限されているけれども平和。つまり強い争いがないということは多々あります。その典型的な例は、平和な環境における奴隷の生活です。奴隷だから自由はありませんが、平和はあります。それならば幸福はあるかというと、それは難しい問題です。初期の米国で、南部に奴隷制度[*9]があり、北部は奴隷を解放するという立場でした。南北戦争は奴隷解放戦争でもあったわけです。北軍が戦争に勝つと、南部の奴隷を解放する。その時、南部の奴隷、南部の人のなかには次のような主張がありました。北部

と、何ら制約を設けていない。

＊9　**奴隷制度**　人格を否認された人間が、奴隷として、その所有者により何らかの不払い労働を搾取される制度。アメリカ合州国では、南部諸州で、タバコ、綿花、米などの栽培に奴隷労働が用いられ、南北戦争中の一八六三年、リンカーン大統領が奴隷解放宣言を発した頃、三五〇万人の黒人奴隷がいた。二〇〇一年八～九月、南アフリカのダーバンにおける国連・反人種差別会議で、奴隷制は「人道に対する罪」と正式に確認された。米国はイスラエルとともに、会議途中で退席した。

の人は奴隷を知らない。南部の中産階級以上の人達が暮らしている社会を具体的に経験していない。戦争に勝った北部人は奴隷を解放しろと言うけれども、もともと私の家の奴隷は、解放されたいなんて思っていない。われわれは幸福に暮らしていたのだ。南部社会の実情を知りもしないで、余計な口出しをするな、という主張です。

ところが北側の言い分では、奴隷制度は黒人から自由を奪う、正義に反することです。幸福か幸福でないかではなく、正義があるかないかということ。正義を実現するために、必要なら武力を使ってでも解放しようという。それが南北戦争です。

私が面白いと思い注目するのは、南部の奴隷の幸福です。自由にはさっき申し上げたいろいろな段階があり、その段階が低くても幸福ということはありえます。「平和=幸福」ではないのです。平和を狭く解釈すればもちろん、広く解釈したとしても、非常に多くの平和な社会に、非常に不幸な生活があります。だから、そういう時にどうするかという問題が出てきます。南北戦争でも簡単ではないです。人によって意見が違い、どうしたらよいかという難しい問題があります。

戦争とは殺人

戦争は、もちろん人を殺します。人だけでなく、町も財産も自然も破壊します。武装した軍隊と軍隊が衝突する典型的な戦争になったら、大きな被害が出ます。軍人は職業的な殺し屋です。彼らの武器をつくるのは、職業的な専門家です。専門的な技術者たちは、なるべく能率的に早くたくさんの人間を殺せるような機械を発明するでしょう。弓矢が鉄砲になり、鉄砲が自動小銃になり、機関銃になる。機関銃がさらに発達して、むやみに大勢の人を殺せるようになります。

その一つの頂点が原子爆弾です。原子爆弾を飛行機が一発搭載して上空で落とせば、一〇万人くらいの人がその場で死んでしまう。女性か子どもか、非戦闘員か兵隊か、日本人か捕まった外国人か、あるいは強制労働で連れて来られた中国や韓国の人たちか、そういう区別は一切ないのです。原子爆弾が一発破裂すれば、大体半径二キロメートルくらい、一キロメートルなら間違いなく全部、何もなくなります。

原子爆弾が破裂したのは八月で、その年の九月半ば頃に広島に私は行ったんですが、そこには本当に何もない。驚くべきことに、まだ結構暑い九月二〇日頃、蚊もハエも一匹もいませんでした。生きている動物を全部焼いてしまったのです。それから植物も。木は残っていても立ったまま皆焼けて真っ黒い炭になっていました。生きている木はない。そういう風にだんだんにたくさん殺すようになるのが戦争の特徴で、歴史的に殺し合いがエスカレートしていって、その頂点が原子爆弾だと考えればよいでしょう。

もう一つは、ここでも原子爆弾はやはり頂点なのですが、無差別性ということです。

ジュネーヴ四条約[*10]というものがありますが、たいていは兵隊についての取り決めです。典型的な戦争は、軍服を着た軍隊と軍隊、国と国との組織的な戦いです。ところが、軍人ではない、巻き添えで死ぬ一般市民の割合がどんどん増えてきました。一九世紀末、普仏戦争[*11]とかクリミア戦争[*12]の頃までは、死ぬのは圧倒的に軍人で、彼らはある意味で英雄的に戦って死んだわけです。日露戦争[*13]でも大勢の軍人が死んでいますが、この頃が境になります。

二〇世紀になると、市民が犠牲になる割合が高くなって、軍民の死傷者の比率が逆転します。第一次大戦が分岐点です。後から見れば、第二次大戦が始まるわずか二〇年前です。以後、一般市民の死傷者は比較にならないくらい増加し、軍人の方がむしろその一部のような感じになってしまう。しかも、一般市民の犠牲は、軍隊を攻撃して市民が巻き添えになるというのではなく、初めから市民を標的にして、むしろ軍人が巻き添えになることさえ起こってきました。

広島はまさにこれです。一九四五年八月六日、広島の空の下にいたのは、なかには軍人もいましたけれど、その数は極めて限られている。大多数は一般市民でしたから、軍人の方が巻き添えになった感じです。

一九四五年二月一三～一五日のドレスデンもそうです。ドレスデンにはほとんど軍隊はいなかった。そこをアメリカのB＝25爆撃機、イギリスのヒュー爆撃機が、英国

＊10 **ジュネーヴ四条約**　一九四九年八月一二日、ジュネーヴの外交会議で、「戦地にある軍隊の傷者及び病者の状態改善に関する条約」、「海上にある傷者、病者及び難船者の状態の改善に関する条約」、「捕虜の待遇に関する条約」が大幅に改正され、さらに「戦時における文民の保護に関する条約」も加わって調印された。日本は、一九五三年一〇月に加入。

＊11 **普仏戦争**　一八七〇～七一年のプロイセンとフランスの間の戦争。スペイン国王選出問題をめぐって両国が対立、一八七〇年七月一九日にフランスが宣戦布告した。プロイセンはドイツ諸邦の支援を得て圧勝。九月二日、フランス皇帝ナポレオン三世は、セダンで

の基地から飛んで爆撃した。それでドレスデンは、広島のようにほとんど何もなくなってしまった。罪もない子どもでも殺してしまう戦争の罪悪性は明らかです。

いくら何でも、市民を攻撃して殺すことに対しては世論の批判があります。殺す側はやはり後ろめたい。嬉しそうに「これだけ殺しました」と言う国はちょっとないでしょう。自国内でも評判が悪いし、外国ではもちろんです。

そこで、昔の話ではなくて、イラクです。smart bomb、スマート爆弾という頭の良い爆弾で、非常に正確に目標に当たる。その爆弾は、家の中に敵の偉い人がいたら門を潜って玄関から入って、その人の寝室で爆発するそうです。そんな爆弾も発明して、高等な武器を使って、イラクをサダム・フセイン*14の凶悪な支配から解放するという建て前でした。だから、解放されるはずの人民が多数殺されてはまずいわけです。アメリカの立場から言っても、解放される人を攻撃するのではなく、彼らを虐めているサダム・フセインとその仲間たちをやっつけると言っていました。ところが実際には、そういった戦争でもやはり市民の犠牲が多いのです。実際にイラクの子どもや女性を何人殺したのか、なかなか発表されませんでした。それは、やはり後ろめたいからでしょう。

ご紹介したいのは、英国の The Lancet という雑誌の二〇〇四年一〇月三〇日号に発表された論文です。The Lancet は、戦前からある、世界的に有名な医学関係の雑

降伏した。翌年一月一八日、プロイセン王ヴィルヘルム一世は、ドイツ皇帝としてヴェルサイユ宮殿で帝政成立を宣言した。

***12 クリミア戦争**　一八五三〜五六年、中近東とバルカン半島の支配権をめぐり、英・仏・サルデーニャ・トルコの四カ国連合とロシアが戦火を交えた戦争。

***13 日露戦争**　一九〇四〜〇五年、朝鮮・満州の支配権をめぐる日本・ロシア間の帝国主義戦争。日本側の戦死者数は八万八〇〇〇人（日清戦争では一万三〇〇〇人）。この戦争後日本は、朝鮮の植民地化を進め、満州南部を勢力圏に置いた。

***14 サダム・フセイン**　一九三七年生。一九五五年バース党入党。一九七

誌です。たとえば、抗生物質に関する最初の論文が掲載されたように、画期的な発見、論文が載った歴史ある雑誌です。その雑誌に、イラク戦争が始まってから一般の市民が何人死んだかを調査した結果が掲載されました。調査機関は、米ジョンズ・ホプキンス大学、コロンビア大学とイラクのムスタンシリヤ大学による「米・イラク合同調査団」です。これは、純粋に学問的な論文です。

「The Lancet 誌によりますと、イラクの死者は少なくとも一〇万人という多さです。アメリカ側の軍人は何百人。一〇〇〇人にはいっていない。[*15] イラク側の一〇万人のうち、大部分は女性や子どもと言われています。こんな戦争はやめた方がいいのです。それでも戦争は続いていますし、膨大な国家予算を投じてさらなる戦争の準備もしています。その理由は何でしょうか。いろいろな理由が列挙されていますが、ブッシュ大統領は、「テロリズムに対する戦争だ」と言っています。しかし、イラクとアルカイダ（テロリスト組織）との関係、大量破壊兵器の存在などについては、いままでのところ何の根拠も裏付けられていません。

二〇世紀の戦争の特徴

二〇世紀になって生じた戦争の変化について、今一度確認しておきましょう。まず、武器が急速に発達しました。トロイ戦争の頃から一九世紀末までの武器の発達と、二

九年よりイラク大統領。アメリカの支援を受け、対イラン戦争を遂行、化学兵器・生物兵器も使用した。シーア派やクルド人も弾圧。一九九〇年クウェートに侵攻、翌年多国籍軍に敗退した。二〇〇三年、大量破壊兵器保持を口実とした米英の一方的武力攻撃の前に政権崩壊。同年一二月一四日、米軍に拘束された。

＊15　その後二〇〇五年四月二二日現在、米軍の死者は一五六七人にのぼった。もっとも、死者数を少な目に公表するため、少なからぬ米兵の死体が、砂漠に埋められたり川に投げ込まれたりしているという。また、戦争請負民間会社の社員はカウントされていない。

〇世紀初めから今日までの武器の発達では、後者の方が大きいかもしれません。第二に、死傷者が、制服の軍人兵隊から圧倒的に市民に変わりました。それから第三に、戦争の形態の変化です。

最初に、厳密な意味での戦争は、二国家間における一定規模の軍隊の衝突だと定義しました。狭い定義ですが、一九世紀まではそれが通用していました。nation state が発達し、nation state を単位として国際関係を考えるような時代に、そういう戦争の定義が出てきたわけです。

ところが二〇世紀になって、新しい戦争が出てくる。国家と国家がぶつかるのではなく、一方は典型的な一九世紀型の、司令官が号令する組織された軍隊です。最新式の武器を持って、政府が予算を構わずにカネを投じて戦争をする。たとえば一九三〇年代中国大陸における日本軍です。よく組織され能率的な軍隊でした。また、五〇年代アルジェリアでのフランス軍、ベトナムでのアメリカ軍も、みな高度に組織され、その時代の最新式の武器を持ち、国家の命令に従って行った戦争です。

ただし相手がこれまでのような近代的軍隊ではなくなります。イラクでの米英軍の相手はゲリラです。ゲリラの方は、軍隊のように組織されてはいません。最新式でなく、多くは旧式の武器を使います。今のゲリラでも飛行機は持っていません。戦闘機を持っているのは国家です。

日本軍と中国軍もそうでした。中国側はゲリラ、あるいはテロリスト、あるいは愛国者、あるいはレジスタンス、あるいは便衣隊。軍服ではなく普通の着物を着ていました。三〇年代に日本は戦争を始め、一九三七年からは北支・上海で大戦争をしました。それから一九四五年に日本が負けるまでの歴史を、私たちは熟知しています。私の年代の日本人で、親類・家族の中で誰も戦争に行かなかったという人は少ないでしょう。私が物心ついた頃、戦争とは、最新式の武器を持ちよく組織された日本軍対制服の無い便衣隊の戦争でした。

戦後少し経ってから、私は医学の研究のためフランスに行ったのですが、そこでフランスとアルジェリアの戦争が耳に入ってきました。アルジェリアの戦争も全く同じでした。フランス軍は最新式の武器を備えよく組織されている。飛行機、無線機械、あらゆる最新式のものはフランスに属していました。反対に、時代遅れのものは全部アルジェリア人に属していました。たとえば軍服さえも着ていない。

フランス人もドイツ占領下では、ドイツ軍に抵抗しました。フランス側は小銃と手製の爆薬。ドイツ軍側は戦車。みな同じです。アルジェリアのフランス軍、ベトナムの米軍、それから今のイラクの米軍。村でも町でも、ゲリラが町の人と一緒になって抵抗する。そこでは米軍に抵抗する市民とゲリラとの区別がつきません。外から見ても分からないのです。

実際の戦争となると非常に厄介なことになります。町に入れば、横丁側からいつ弾が飛んで来るかも分からない。だから何時以降は外出禁止といった命令を出す。急用があって外に出た人間を見つけたら、原則として占領軍は射殺します。

日本軍もそうでした。私は鉄砲を持って中国に行ったことはありませんが、実際に行った同年代の人から聞いたことがあります。小隊で歩いて小さな町に入ると、前には誰もいない。そこを自転車で若い女の人が追い抜いて行く。その子は横丁に入るかもしれない。そして小隊が横丁にさしかかったとき射撃するかもしれない。普通の着物を着た普通の市民で、全然何もしないかもしれないし、何かするかもしれない。さあれれば自分自身も同僚も危ない。自転車の女の子を撃つべきか、撃たざるべきか。あなたならどうするかと訊くのです。

私は困りました。自分なら撃たないと断言できる自信はないです。自分の命がかかっているのですから。以前に別の町では、隣を行軍していた同僚も殺された。今便衣隊か普通の人か分からない人間が前をとおったらどう行動するか。もし便衣隊と市民と間違えて逃したら、こちらが殺されます。しかし、もし一般の市民を射殺してしまったら、戦争と直接関係のない単純な殺人です。何の責任もない人をいきなり銃で殺せば、それは死刑に値するような罪です。どちらを選ぶかと尋ねられて、私は、その場になってみないと分からないとしか答えられませんでした。

本当の解決は一つ

本当の解決は、たった一つしかありません。日本に帰ることです。これは中国の町の話で、日本の町での話ではありません。中国の人が自分たちの住む町を使うのは当たり前です。日本の軍隊が来たから厄介なことになったのです。

だから、ブッシュさんがどうするか知りませんけれど、イラク問題の解決方法は簡単です。専門家がああでもないこうでもないと解説していますが、イラク問題の解決法なんてそんなにたくさんないです。専門的知識なんて必要ない。イラクを侵略した軍隊が引き揚げればいいのです。命令を下して急いで撤退すれば、一週間で済むでしょう。

ベトナム戦争でも、米軍の撤退以外解決がなかった。アルジェリアでも、フランス軍が帰るまで問題は解決しなかった。中国では、日本軍が降伏して帰るまで解決はなかった。帰る以外、どこでも解決した例はないのです。

私の言っていることは、空想でも現実離れでもありません。現実的に言えば、解決法は一つで、国に帰ることなのです。圧倒的な火力を持つ最新式の軍隊がゲリラと戦うべきではありません。ゲリラと戦うことになったら、帰る以外に解決法はないのです。

しかし倫理的問題を別にしたら、撤兵しなくとも何とかなるのではないか。ヒトラーのレジームのように、言うことを聞かない奴は始末すればよい。そうすれば支配できるだろうと、ブッシュさんは言うかもしれません。そういう可能性が全然ないとは思いませんけれど、しかし非常に薄いだろうと思います。

それはこういうことです。先ほど、兵隊が個人として判断に困る話をしました。現実には、軍隊として人間的感情は我慢して、残酷だけれども怪しいと思ったらとにかくそこを焼き払ったりすれば解決できるのではないか、とみな思った。みなとはくどいようですが、三〇年代からの中国での日本軍、五〇年代のアルジェリアにおけるフランス軍、六〇年代のベトナムにおける米軍、そして今イラクにおける米軍です。考えることは皆同じで、これで片づくと考えて焼き払う。結果、また新たに今まで普通の市民だった人がレジスタンスになり、愛国者になり、ゲリラになり、テロリストになるのです。

それをあなたがテロリスト、ゲリラ、便衣隊と呼び方を変えてみても、そんなことは全然関係ありません。事実は、抵抗するイラク人の数が増えているだけだということなのです。一人殺せば二人になる。二人殺せば四人になる。とにかく叩きつぶすというこという方法で根絶やしにするのは、全部の人口が無くなれば別ですが、しかしそんなことはできない話です。これは、ベトナム戦争から何十年も経って、当時のマクナマラ国防長官が回想記の中で述べています。[*16] だからベトナム戦争は間違っていたの

＊16　詳細については、第4章一五二〜一五三頁参照。

です。ベトナム戦争だけではなく、すべて間違っていたのです。そして、それを誰も認めたがらないのが、二〇世紀の戦争の第三の特徴です。

この先どうなるか。この先はだんだん悪くなるでしょう。安全が回復したら選挙をして民主主義を入れるというのは、まったく現実離れもはなはだしい話です。ほとんど正気の沙汰ではない。私が挙げた例のなかで、一つの例外すらないのです。必ず失敗します。失敗するまでにたくさんの人が死にますから、悲惨です。もちろんイラクの人も亡くなるけれど、アメリカ側も犠牲者がもっと増えるでしょう。だから、破壊以外何もありません。その荒野に民主主義が天から降って来るはずはありません。

日本とドイツでは、第二次大戦後の占領によって民主主義の導入に成功したなんて言っています。軍事的に降伏させ占領したら、ドイツ人や日本人はおとなしくて、たちまち民主主義になったと言いますが、「たちまち」ではないのです。ドイツは世界で最も進んだ民主主義的なワイマール憲法[*17]を持っていました。第一次大戦での敗戦直後からヒトラーが破壊するまでの間、ワイマール共和国はデモクラティックな憲法を持って機能していました。それほど民主主義的な憲法は日本にはありませんでしたが、それでも両大戦間期、特に一九二〇年代には選挙があり、政友会と民政党の二大政党の政権交代がある政治システムでした。たしかに腐敗はありましたが、世界的に見て最悪の腐敗というわけでもないし、ワイマール共和国と同じ程度とは言えないにせよ、

＊17　**ワイマール憲法**　帝政が崩壊した第一次世界大戦後のドイツで、一九一九年一月一九日の総選挙で選ばれた議会が、二月六日、テューリンゲンの小都市ワイマールに、新憲法制定のため召集された。新憲法は七月三一日、「ドイツ共和国憲法」として採択された。各種の自由権的基本権のほか、生存権、労働権、労働者・被用者の共同決定権などの社会的基本権、男女同権や私企業の社会化に関する規定も盛り込まれた。

かなりの程度の民主主義は日本にもあった。それが狂信的な軍国主義・超国家主義によってつぶされ、戦後占領軍の手でまた復活したのです。日本の民主主義も、初めからゼロだったわけではありません。

そういう日独の民主主義に類するものが、イラクのどこにありますか。全然違ったシステムです。選挙による政権交代。北海道の端から沖縄まで完全に支配した政府と官僚機構。そういうわけで日本では、政友会が政権をとると、民政党が武器を使って人を殺し地域を解放するなどという状況はありませんでした。

アフガニスタン*18やイラクは事情が違うのです。イラクは、サダム・フセインが強権統治をし、殺戮も行って、一応全国を支配していたでしょう。しかしその地盤は部族闘争です。そしてそれはアフガニスタンのようにすぐに武器を伴う紛争に転化する。日本ではそういう可能性は全然なかったのです。条件がまるで違う。日本でうまくいったからイラクでもうまくいくというものではありません。

正しい戦争はあるか?

そこで、もっと難しい問題が出てきます。戦争はどれもよくない、残酷な殺戮で、道義的にも、ことにゲリラとの戦争になると愚かな政策です。だからすべての戦争はやめた方がいいと常に言い切れるのかと考えると、そこには難しい面もあると思いま

＊18 アフガニスタン 一九世紀、国内では国家形成が進む反面、国際関係においては英露の「グレート・ゲーム」の場とされる。一九七三年七月、王政を廃し、共和国成立。不安定な政情が続き、一九七九年一二月ソ連が侵攻して、親ソ政権を樹立、反政府・反ソ連軍の武力反乱を招来した。一九八九年二月、ソ連軍撤退後の群雄割拠状態から、パキスタンで組織されたイスラム原理主義武装集団「タリバン」が急速に台頭、一九九六年九月に首都カブールを制圧した。タリバーン政権は、オサマ・ビンラーディンをかくまい、過激派ゲリラの軍事訓練所を提供、その極端に不寛容な政策は国際世論の批判を浴びた。二〇〇一年一一月、

す。
それは、正しい戦争[*19]があるのかという問題です。日本の場合は、戦争は一切しないという平和憲法があり、絶対平和主義ですから、理論的矛盾なしに正しい戦争は成立しません。

私は、戦争はほとんどの場合認めないのですが、正しい戦争が全然ないとまでは断言できません。戦争に絶対反対というわけではないのです。たとえば、一九三九年九月一日にヒトラーがポーランドに侵入[*20]して、第二次大戦が始まりました。それ以前、ヒトラーは何度も国際的な約束をしていました。ヴェルサイユ体制を実力で打破しようとしたヒトラーは、一九三五年三月の再軍備宣言、一九三六年三月のラインラント進駐、一九三八年三月のオーストリア併合を次々にやってのけました。これに対して英仏側は譲歩に譲歩を重ね、とにかくドイツとの対決を回避しようとしました。この宥和政策の頂点は一九三八年九月のミュンヒェン会談ですが、結局ヒトラーは、翌年三月この協定も踏みにじってプラハに侵攻、チェコ・スロヴァキアを解体した。だから、ヒトラーという人物は徹底的な嘘つきで、その発言は全然信用できないわけです。信用できない指導者だと交渉しても無意味ですから、外交的手段でヒトラーの膨張を止めるのは、事実上不可能に近い状況にありました。一九三九年九月一日にヒトラーがポーランドを侵攻すると、ポーランドとの相互援助条約に従って、イギリスとフラ

「九・一一」に対する米英軍の報復攻撃で同政権は崩壊、翌年六月、米石油企業ユノカル社元顧問のハミド・カルザイが大統領に就任、二〇〇四年一月には新憲法が公布された。だが、この政権も脆弱で、軍閥支配下での人権侵害や麻薬輸出が深刻である。

*19　**正しい戦争**　中世・近世のヨーロッパでは、神学の理論に基づき、戦争は正当な理由がある場合に限り許されるという「正戦論」がとられていた。一六一八～四八年の三〇年戦争後、近代主権国家が成立し、キリスト教会の権威も衰退すると、戦争の正邪が判断できなくなり、「無差別戦争観」が採用され、戦争手段に関する法的規制としての戦争法が、交戦国

ンスは、二日後ドイツに宣戦布告をしました。けれど、ヒトラーがそれ以前から、膨張政策を放棄するという約束を後から後から破っていたのは、既に明らかだったのです。

それだけでなく、彼は国内ではユダヤ人を集めて殺しました。それはだんだん公表されて行きますから、ヨーロッパではかなりの人が知っていたはずです。ヨーロッパの真んなかに（ドイツとポーランドが主ですが）、ユダヤ人のキャンプをつくった。これは間違って法律を犯して市民を攻撃したとか、市民を巻き添えにしたとかの話ではありません。すべてのユダヤ人を絶滅しようとしたのです。英語で final solution、最終的解決と呼ばれますが、ユダヤ人を集めてガス室で殺して焼いた。結局ヨーロッパ全土で六〇〇万人ものユダヤ人が機械的に殺されていったのです。実際、オーストリアのヴィーンで、ちょっと郊外に行ったら煙があがるのが見えたそうです。それが何の煙なのか分かっているわけで、そうすると黙って見ていてよいのかという問題が起こります。それで、ヒトラーのやっていることはいくら何でもひどすぎるので、ドイツ人将校たちも後にヒトラー暗殺計画[*21]を実行したりしました。

正しいでしょうか？　目の前でユダヤ人が焼かれている。それはやがて百万単位に及ぶわけです。これを黙って見ていて、戦争批判を繰り返すだけでは、その煙を消すことはできない。この場合、戦争をするかしないかという問題で、私は戦争が間違っ

双方に平等に適用されるべきものとして発達した。

＊20　ポーランド侵入　ヒトラーは、ヴェルサイユ体制の破棄のみならず、ソ連・東欧を征服してゲルマン化して、「生存圏」を確立しようと企図していた。彼は、英仏の宥和政策に乗じて、一九三九年四月一一日には対ポーランド攻撃準備を指令していた。八月二三日の独ソ不可侵条約秘密議定書で、ポーランド分割をソ連と密約、九月一日にポーランドを攻撃した。

＊21　ヒトラー暗殺計画　ドイツ軍部上層は、土地貴族出身者ら伝統的支配層によって多く占められ、第一次大戦時伍長だったヒトラーを軽侮していた。第二次大戦の戦況悪化に伴い、ヒトラー暗殺を企図、一九四四年七月二〇

ているも簡単には言えません。ユダヤ人の立場に立ったら疑問の余地はありません。ヒトラーはユダヤ人をシステマティックに殺害する方針だと公言し、現にその煙が見えていた。それでも黙っていられるでしょうか。第二次大戦の評価、意味づけにかかわり、これはかなり難しい問題です。

しかし、私は大部分の戦争を擁護しません。正当化できないと思います。二〇世紀にあれほどたびたび戦争がありましたが、戦争によって目的が達成されたという例はほとんどありません。あるいは第二次大戦だけが唯一の例外かもしれない。そのことも、自分自身の問題として考えるべきでしょう。すっきりとした答えが簡単には出ないような問題が、平和の問題には含まれています。戦争を肯定すれば平和を否定することになるわけですから、平和を否定しなければならない場合がありうるのかという問題です。

絶対平和主義の立場をとる人もいます。アメリカのプロテスタントの一派、クエーカーは本当の絶対平和主義で、第二次大戦の時も良心的戦争拒否[*22]で戦争に行きませんでした。しかも、それを米国は認めていたのです。クエーカーの信者でそれなりの主張をすれば、戦争に行かなくて済んだ例もあります。良心的戦争拒否・徴兵拒否を米国は認めていました。

個人の信条による行動の自由、信条のために戦争反対という立場を認める、それは

日、クラウス・フォン・シュタウフェンベルク大佐らを首謀者として、東プロイセンの「総統本営」で爆殺を試みたが、ヒトラーは軽傷を負ったのみで失敗。その後関係者が次々に処刑された。

＊22 **良心的戦争拒否** 本来は、信仰に基づいて戦争に反対し、兵役に就くこと、あるいは兵役に就いても戦闘業務は拒む行為を指す。近年では、個人の良心に発する兵役拒否や戦闘業務拒否も意味する。ドイツでは、基本法（憲法）で、「何人も、その良心に反して、武器をもってする軍務を強制されてはならない」（第四条第三項）ことが明記されている。

つまり人権の尊重ということです。しかし、日本の歴史のなかに良心的戦争拒否を認める装置はありませんでした。今は建て前としては戦争を認めていないのだから、徴兵も徴兵拒否もありませんが、日本にそのような人権尊重の歴史がなかった点は重大です。現在まで含めて、米国より遅れていると思います。

そのことに間接的に関連しますが、日本は外国人の亡命権を認めていません。そういう制度が日本にはなく、アメリカにはもちろんあります。だからアメリカにも良いところがあると言いたいのではなく、アメリカではこれと同じように、たとえ少数でも戦争を拒否する個人の権利を認めてきたわけです。この事実は、人権尊重の象徴で大事な点だと思います。

だから日本の場合、外国での人権侵害を指摘するとなると、他国の話をする前にご自分のところで人権を尊重したらどうかという反論が出て来るでしょう。ちょうど第二次大戦でアメリカなど連合国がドイツに介入したように、仮に日本が外国での人権侵害に対し軍事的に「人道的介入」[*23]をしようとしたら、相手側は、自分の国（日本）での人権尊重はどうなっているのだと反発するだろうと思います。それに対してアメリカ人は答えられるけれど、日本人は答えることができない。法律面でいろいろ不備なのです。ですから、正しい戦争という問題は一般論だけでなく、個別の問題として、日本の場合、今実際にどうなのかということを検討しなければなりません。

＊23 **人道的介入** 他国で侵害されている人権を擁護するため、外交的圧力、経済制裁、支援要員の派遣、軍事力行使などを行うこと。大規模で深刻な人権侵害が頻発している状況に積極的に対応しようとする姿勢が評価される一方、介入の判断が大国主導でなされ、特に軍事力行使の場合、人権擁護という目的と、破壊・殺傷を伴う手段との矛盾が批判される。

日本の安全保障について、軍隊がないから心配だとか、逆になくても安全だとかの議論がありますが、第一次大戦以後、軍隊を使って戦争をし、目的を達成できた例はほとんどないということをもう一度述べておきたいと思います。第一次大戦*24は、戦争の無意味さ、犠牲の大きさを示す巨大なデモンストレーションで、戦車・潜水艦・航空機・毒ガスなど、さまざまな新兵器を使って一〇〇〇万人以上の莫大な戦死者を出し、オーストリア＝ハンガリー帝国を瓦解させました。ハプスブルグの帝国は、動脈硬化になった大帝国です。ドイツは、第一次大戦で帝政が崩壊、ヴェルサイユ条約*25の戦責条項から一三二〇億金マルクという巨額の賠償金をとられ、領土を失い、軍備を極度に制限されました。この過酷なヴェルサイユ条約が、第二次大戦の原因の一つになったというのが、今の歴史家の見解です。

このような結果をもたらした第一次大戦のために、何百万人も死んでよかったのでしょうか。全くナンセンスです。そんな下らないことのために、健康で若い何百万の人（そこには善意の人も多く含まれている）を、兵隊にとってまるで意味のないことで殺した。第一次大戦は、戦争の驚くべき無意味さと残酷な犠牲、巨大な犠牲のデモンストレーションなのです。

その後も、戦争では目的を達成できませんでした。戦争ではなく、平和が大切です。日本でも、「国際貢献*26」と言えば軍事、「安全」と言えば武器と唱える人がいますが、

*24 **第一次大戦**　ドイツ・オーストリア＝ハンガリー・イタリアの三国同盟とイギリス・フランス・ロシアの三国協商との対立関係などを背景に、一九一四年六月二八日、サラエボでオーストリア皇太子夫妻が暗殺されたのを機に勃発した帝国主義戦争。当初の予想に反して長期化し、人類史上初の総力戦となる。一九一八年一一月一一日、パリ郊外での休戦条約調印で終結。

*25 **ヴェルサイユ条約**　第一次大戦後、一九一九年六月二八日に調印された対独講和条約。アルザス＝ロレーヌの対仏返還など、一割以上の領土の割譲、全植民地の没収、陸軍一〇万以下、海軍一万五〇〇〇以下、参謀本部・徴兵の禁止などの軍

武器で国は安全になりません。武器によって安全を図ろうとすれば、軍備競争が起こります。軍備によって安全を保障するのであれば、相手の攻撃を防げるだけの十分な武器を持たなければ危ない。もし見込み違いがあると大変ですから、どうしても実際より相手国の武力を上積みして考えます。相手も同じように考えるので、必然的に軍拡競争が起こります。軍備競争の過程では、両者間の緊張が高まり、緊張の高まりは戦争勃発の確率を高くします。だから危ないので、軍隊を持っていない方が安全です。

スイス[*27]が安全なのは、ナポレオン戦争[*28]までは、地理的な条件に加えて、国民皆兵の制度があったからでしょう。しかし、二〇世紀になってからは、軍備があるとか、アルプスが険しいとかいうことが安全の理由ではありません。皆さん、アフガニスタンやイラクで飛んでいる米軍の爆撃機の高度をご存知だと思いますが、それから見れば、スイスの山なんて箱庭みたいなものです。爆破しようとすれば爆撃機を送ればよいわけで、スイス全体を焼いてしまうのはそれほど難しいことではありません。だからこそ、武器によらない安全が意味を持つのです。

東北アジアの安全

武器によって安全にならず、武器がないことで安全が実現するというのは日本にも先例があります。一九七二年まで、日本の政府も世論も、「丸腰ではいけない。安全

備制限、ドイツの戦争責任に基づく賠償の支払いなどが定められた。

＊26 **国際貢献**　一九九一年の湾岸戦争で、日本は多国籍軍に総額一三〇億ドルの資金を拠出したが、米国の歓心を買うことはできなかった。そこで、国連主導の紛争解決に日本がいかに関与するか、とりわけ自衛隊の海外派遣の是非をめぐり、「国際貢献」に関する議論が展開された。

＊27 **スイス**　スイスは、一八一五年ヴィーン会議で永世中立の立場を承認された。一九九九年四月一八日、一八七四年憲法を全面改正した新憲法が、二〇〇〇年一月に発効。常備軍の保持の禁止（第五八条）の一方、国民の防衛義務（第五九条）、民間防衛（六一条）

のため武装しなければならない」という意見で、どこに対して武装するのかというと、隣国中国とソ連でした。中国とソ連（今のロシア）の同盟に対し、日本は武装しなくては危なくて仕方がない、同時に安保条約も必要だという議論でした。私の記憶では、新聞雑誌も、ソ連と中国を同格に扱っていました。

一九七二年九月、田中角栄首相が北京に行き日中共同声明[*29]にサインして、日本は北京政府を承認しました。そうすると、途端に「中国の脅威」は消えてしまいました。中国の脅威を取り除くには、外交的手段によればわずか一晩で済んだのです。軍事的手段を使おうとすると、飛行機だ武器だと問題は複雑です。それに、軍事よりも外交の方が経済的にも安上がりです。日中相互承認と共同声明への署名は、東京―北京の往復切符とホテル代だけで片づきます。少なくとも戦闘機の代価と比べれば、日本の安全を確保するのにどちらが合理的な方法か、答えは明らかでしょう。

このことは、中国との関係では立証されたわけですが、話題を北朝鮮に移してみましょう。朝鮮民主主義人民共和国の指導者は金正日先生で、普通の人と少し変わっているらしい。政治体制は不透明だ。それで何をするか分からないから北朝鮮の脅威がある、とよく語られます。ミサイルを発射し、核兵器の準備もしているらしいので、北朝鮮は脅威だということです。けれど北朝鮮の面積は日本の三分の一、人口は六分の一くらいで、小さな国です。それでも核兵器を三発もてば、アラ不思議、この小さ

が定められている点で、旧憲法と大差ない。一九八九年一一月二六日、武装中立を規定した憲法を改正し、一〇年以内に軍備を撤廃することを関する国民投票が行われ、投票率六八・六パーセントで、三五・六パーセントの賛成を得た。

＊28 **ナポレオン戦争** 一七九九～一八一五年、フランス革命と対外戦争の時期に続き、皇帝ナポレオン一世が指導して行った戦争の総称。スイスでは一七九八年、フランスの中央集権国家を模倣した「ヘルヴェティア共和国」が成立したが、伝統的な地域自立主義に合わず崩壊。ナポレオンから新たな連邦制を付与され、軍事道路の自由使用や傭兵の提供を容認する衛星国家と化した。

な国が、日本や米国さえも脅かすという話があります。さすがに今中国の脅威とは言わないけれど、将来中国が文字どおりの大国になれば、軍事力も蓄えて脅威になるだろうという話は、いろいろ雑誌などで言われています。要するに、脅威を及ぼす候補として、北朝鮮や将来の中国が挙がっているわけです。

「脅威」によって脅かされる側は、もちろん日本です。日本の安全をどうすると年がら年中言われているわけですが、なかなか名案がありませんね。ですが発想を逆転して、北朝鮮と中国の安全を日本の軍事的脅威からいかに守るかと考えれば、案外答えが出やすいかもしれません。東北アジア全体の安全が重要なのですから、それを考える際、いつも軍事的脅威の被害者、ターゲットとしての日本を想定するのではなく、日本が他国に対して軍事的脅威を行使する可能性を除けば平和になると考えることができると思います。だから、賛成は得られないかもしれないけれど、一年に一度くらいは、発想を逆転させて四方の景色を眺める必要があると思います。

皆さんのなかには、日本政府の方が北朝鮮政府よりも合理的で物わかりがよいので、北朝鮮の方が危ないとお考えの方がいらっしゃるでしょうが、私の述べていることを支える一つの事実は、軍事力・経済力・技術力です。軍事的な経済力・技術力、軍備の大きさは、北朝鮮と日本では比べものにならない。よほど狂気の沙汰でも起こらない限り、あまりにも小さく弱い国が戦争を仕掛けてくることはありません。

＊29 日中共同声明
一九七二年九月二九日に北京で調印。前文で、「戦争状態の終結と日中国交の正常化」を謳い、日本側は「過去において日本国が戦争を通じて中国国民に重大な損害を与えたことについての責任を痛感し、深く反省する」との態度を表明した。日本側が、台湾が中国の唯一正統な政府である中華人民共和国に帰属することを認める一方、中国は戦争賠償の放棄を表明した。平和条約締結交渉は、共同声明中の「覇権」条項をめぐって難航、ようやく一九七八年八月一二日、日中平和友好条約として北京で調印された。

一例を挙げると、小国モナコです。軍備を持たず、警察部隊しかない公国です。フランスの南東部にある国ですが、モナコがフランスを脅かしたことはもちろんありません。もし脅かすとすれば、それはフランスの方でしょう。

同じように、どうして北朝鮮が日本を脅かすのでしょうか。モナコとフランスの対比に近いではありませんか。しかも、日本はアメリカとの安保条約を持っているでしょう。仮に北朝鮮が攻撃してきたら、米国は直接介入するか、そうでなくとも日本の戦闘行為を支援するでしょう。アメリカの後ろ盾があれば、イスラエルを見れば分かるとおり軍事的に圧倒的に優位です。まして日本の場合、それ自体相当な軍事力を備えているのです。

こういうことは、常識で分かるはずです。これだけのことを知るのに、軍事専門家である必要はありません。ミサイルが飛んだと言いますが、ミサイルは年中飛んでいます。問題は、誰が何のためにミサイルを飛ばすかでしょう。日本を攻撃するために北朝鮮がミサイルを使うのは、ほとんど考えられないことです。北朝鮮の立場に立った場合、いったいどういう利益があるでしょうか。ほとんどゼロです。どういうマイナスがあるでしょう。ほとんど一〇〇です。もし日本を軍事攻撃すれば北朝鮮の存在が危うくなります。

ですから、「北朝鮮の脅威」というのは、おとぎ話にしても、ずいぶん下手なおとぎ話だと思います。東北アジアの安全、軍事的なバランスについて心配するのであれば、その話はしなくてもよいと思うのですが、それが気になる人は、たまには立場を変えて思考実験してみたらどうでしょう。それは、アメリカを後ろ盾に持つ日本の脅威について、この国がいつ戦争を始めることが可能かということについてです。

「正しい戦争」の基準とは

たくさん質問を出していただいて、順番が逆になりますが、まず最後の質問、正しい戦争があるとしたらその基準は何かということについて述べたいと思います。これは、ある特殊な場合には、正しいも正しくないも、疑問の余地のない場合があります。基準のことなど考える必要のない場合があるのです。

日本の話をすれば、一五年戦争[*30]で、日本の軍隊が中国に殺到しました。中国、というよりモンゴル帝国ですが、鎌倉時代に日本を攻めようとして失敗したことがありましたが、それ以外中国の兵隊は、一度も日本の領土に上陸したことはありません。日本は絶えず侵略したわけで、そういう歴史的背景があって、しかも実際に自分の母親とか兄弟、子どもが、何の理由もなく殺されたとなると、その人にとって、侵略に抵抗して戦うのが正しいかどうかはもはや問うまでもなくなると思います。道はもう、ただ戦うしかない。

＊30 **一五年戦争** 一九三一年九月一八日、関東軍が起こした柳条湖事件が満州事変に発展させてから、日中全面戦争、真珠湾攻撃を経て、一九四五年九月二日、日本が連合国に対し降伏文書に調印するまでの戦争の総称。「アジア・太平洋戦争」とも呼ばれる。

これは自衛権の思想です。眼の前で起こっていることが自衛戦争かどうかと考えているのであれば、それは自衛戦争ではないでしょう。考える余地がないほど圧倒的な事実が迫ってきた時、仕方がないからそれを正しい戦争と言うわけです。正しい戦争をはっきりと定義できないので、正しいか正しくないか問題にならないような状況がありうると思います。

正しい戦争かどうか考えているような時は、戦争はしない方がいいです。もし問題が残る場合には、問題当事者ではなく第三者の判断が重要で、だから国連が大事なのです。イラクの戦争がまずいのはいろいろな理由がありますが、特に、戦争を実際にやっているのも、あれが正しい戦争だと言っているのもアメリカである点です。少なくとも正しい戦争なのかどうか、やるべきかやるべきでないかは第三者が判断すべきです。

戦前の自由と戦後の自由

次に、戦前にあった自由の状況と戦後における自由の状況の、どこが同じでどこが違うのかというご質問です。これは比較にならないほどで、今なお戦後の方が自由です。たしかに日本でも一九二〇年代、欧米と比べてもそれほど遜色のない自由があったのですが、三〇年代半ばまでには個人主義・自由主義すら排撃されるようになりました。この間、驚くべきことに、法律はあまり変わっていないのです。「国体」の変革や私有財産を否定する言論を取り締まる治安維持法は一九二五年に成立しました。その時すぐにはそれは発動されませんでした。だからないのと変わりなかったのですが、一〇年も経つとこの法律を使って、それまで合法だった思想・運動もどんどん弾圧されていきました。個人の内面の思想・信条の自由は、完全に奪われてしまいました。

事実上の問題を de facto、法律上の問題を de jure と区別しますが、言論の自由に関して de jure の面では、戦前と戦後では全く異なります。de facto としては、一九二〇年代かなりの自由があった。今と近い感じですが、それ以上ではありません。今の方がはるかに自由です。

それから、戦前は de facto として、ある程度の言論の自由、表現の自由があったとしても、それは de jure として保証されていたわけではありません。たとえば検閲の問題について、今の憲法は二一条で、言論・表現の自由を謳い、「検閲は、これをしてはならない」と明記しているわけですね。実に簡単明瞭です。検閲はしてはいけないわけです。実際にはごまかしがありますけれど、しかしそれはあくまでごまかしなのであって、法律では非常にはっきりしています。戦前の憲法は、検閲のことには特に触れていないと思いますが、言論・表現の自由は、あくまで「法律ノ範囲内ニ於テ」許されていました。信教の自由にしても、「安寧秩序ヲ妨ケス及臣民タルノ義務ニ背カサル限ニ於テ」でした。居住・移転の自由だって、「法律ノ範囲内ニ於テ」に過ぎませんでした。

たとえば、京都の町のどこに住んでもよろしい、ただし法律に反しない限り。ところが、法律にはここはダメ、あそこはダメとやたらに書いてあって、実際にはそれさえ使えばいくらでも制限できる。戦前の自由は、今流の言い方をすれば「公共の利益[*31]」という但し書きを常に伴っていたわけです。子どもが学校で「君が代[*32]」を歌わないと「公共の利益」に反する、子どもたちに「君が代」を歌わせない学校は「公共の利益」に反するとして校長をやめさせるとか、何もかも解釈次第でからめ取ることもできる。

どこが「公共の利益」を解釈するかというとしばしば警察です。問題が大きくなれば裁判所になりますが、これがうまい方法で裁判を回避して弾圧することができる。警察が何か気に入らないと、それは「公共の利益」に反すると留置する。警察の判断で、逮捕状も何もありません。法律で、二カ月経ったら出さなければならない。そこで必ず一度釈放しますが、警察の外に一歩踏み出せばまた逮捕。これでさらに二カ月留置です。こうやって、あらゆる細部にわたって、プライベートな個人の行動をコントロールする。

＊31　**公共の利益**　ある社会を構成する個人や集団の私的利益に対し、その社会の全構成員にかかわる共通の利益を指すが、その具体的内容は必ずしも明確ではなく、ある政策決定を正当化する道具的概念である場合も散見する。日本国憲法では、経済的権利（第二二条）と財産権（第二九条）について、「公共の福祉」による制約が明記されている。他方、自由・権利の保持（第一二条）、幸福追求権（第一三条）にかかわる「公共の福祉」は、人権相互の矛盾や衝突に際し、それを調整するための公平性の理念を表したもので、国家や社会のために個人の基本的人権を制限する意味ではない。

＊32　**君が代**　一九世

こうしたことは、一九二〇年代はなかった。しかし、一九三五〜三六年以後、急激に増えました。一九三六年は「二・二六事件」[*33]があった年です。「二・二六事件」は、陸軍の皇道派という急進右派の青年将校が起こしたのですね。彼らは、クーデターで権力を取ろうとしたが完全に失敗した。しかし、権力の中枢部を右に動かすことには大成功です。だから「二・二六事件」以後、それまで使わなかった法律を使ったり修正したりしました。

小さな修正は、「二・二六事件」後成立した広田弘毅内閣による軍部大臣現役武官制の復活です。陸・海軍大臣を現役将官のみから任用する制度は、もともと明治初期からあったのですが、一九〇〇年、山県有朋内閣がはっきりと法制化しました。その後、軍閥の横暴に対する国民の反感もあって、任用範囲が拡大されました。もっとも、実態に変化はなく、一九三六年五月一八日、陸海軍の「大臣及次官ニ任セラルル者ハ現役将官トス」という勅令が即日施行されたのです。どちらでもよいようにも見えますが、さにあらずです。軍部の政治的発言力は、明らかに強化されました。おかげで、一九三七年一月二五日、組閣命令を受けた元陸軍大臣の宇垣一成は、かつて二〇年代半ば「宇垣軍縮」と呼ばれる陸軍の整理を行ったことなどから、陸軍から陸相を得られず、四日後に流産してしまいました。当然、次の総理大臣にはもっと陸軍の意に沿う人物がなり、最後は、一九四一年一〇月、陸相・東条英機の首相就任です。軍部の

紀末以降、事実上日本の国歌として扱われてきた、天皇の治世を奉祝する歌。雅楽調の「君が代」は、天皇礼式曲としてもっぱら軍隊で演奏されていたが、一八九〇年の教育勅語発布以降、学校教育を通じて強力に広められた。それ以前、イギリス軍楽隊長が「君が代」の歌詞に作曲したり、音楽取調掛が国歌選定作業を行っていたが、不首尾に終わった。一九九九年八月一三日の「国旗・国歌法」で、正式な国歌として指定された。

*33 **二・二六事件** 一九三六年二月二六日、天皇直結の「昭和維新」を断行しようとする皇道派青年将校が、部隊を率いて首相官邸・警視庁などを襲撃、高橋是清蔵相、斉藤実内大臣らを殺害し

政治介入は、理屈の上では、海軍についても同じことが考えられますが、実際に行ったのは主に陸軍ですね。

そういうわけで、軍人が政治に介入したのは、全く合法的でした。法律も小さな但し書きみたいなものでした。それをうまく使ってああなった。このことを私は、東京・駒場の第一高等学校で、矢内原忠雄*34先生から習いました。その時の話はこれまで何度か書きましたので、今日は省きます。矢内原先生は一九三七年、思想的な理由で東京帝大の経済学部教授をやめさせられて、東京の成城に住んでいました。彼は戦後東大の総長になりましたが、戦前は大変な攻撃に曝されたのです。私が教室で今陸軍がどういう法律を使うかという話を聞いてから、事態は毎年悪くなり、自由はどんどんなくなっていきました。そして、大した抵抗はできませんでした。

平和と民主主義の関係

それから、平和と民主主義の関係でしたね。これは簡単なことで、民主主義的な価値が実現し、民主主義的体系が本当に機能するためには、つまり民主主義的な政治が成り立つためには、平和が条件です。平和がなければ民主主義なんてない。逆に、民主主義が平和をつくるということもありません。

戦争はいろいろなものを壊しますが、特に民主主義を壊します。人権も壊す。既に

た。政府・軍部は、二八日に鎮圧を開始、首謀者全員を極刑に処した。観念的・急進的な皇道派に対抗する統制派は、事件の威圧的効果を利用、軍部の政治的発言力を増大させた。

*34 **矢内原忠雄** 一八九三～一九六一年。経済学者、キリスト教伝道者。一高時代、新渡戸稲造・内村鑑三に私淑。日中全面戦争開始時に、戦争批判の論文「国家の理想」(『中央公論』一九三七年九月号)や、講演「神の国」における「この国を葬って下さい」の言葉が問題視され、一九三七年一二月、東京帝大経済学部教授を辞職。敗戦後、東京帝大教授に復帰、一九五一～五七年東大総長。教育・学問の自由・自治、軍備撤廃と平

成立した有事法制を見てみれば、法律によっていかに人権が制限されるかが分かります。ちなみに、「有事」というのはユーフェミズム、婉曲語法ですね。つまり、嫌な言葉を楽しい美しい言葉に置き換えるわけです。日本の役人はユーフェミズムの大家ですが、有事法制の「有事」とは戦争なんです。「戦争」と言うと角が立つので、柔らかで穏やかに「和を以て貴しと為し」で、「有事」と言うんです。

和を貴んでいたら、民主主義は発展しないですよ。「戦争」を「有事」なんて言いくるめる意図的な言い換えは、戦後の初めからありました。「占領軍」とは言わず、「進駐軍」と言った。占領軍はもちろん進駐していますが、進駐した軍隊が必ずしも占領軍ではないので、二つは別物です。英語では「進駐」と言わないで、occupation とか occupation army です。「進駐軍」なんて、裏木戸から密輸入した言葉ですね。「進駐軍の命令により」と言っても、進駐軍なら従わなければいいんです。従わなければならないのは、相手が占領軍だからですね。占領下の日本には主権がなかった。日本政府には、輸出規制や輸入規制を決める権利も、パスポートを発行する権利も、外国公館を外国に開く権限もなかった。それが「占領」です。「進駐」なら、今だって「進駐」しているのではないですか。

ユーフェミズムも、極端になると一種の嘘になる。その嘘の上に戦後日本が成り立っているのだから、まともな論議にならない。議論の仕様がない。もし戦争になって

和の理想を唱え続けた。

日本人が戦うようになれば、ユーフェミズムでは済まなくなって、言論の自由を初め人権が制限されます。生命の安全さえ保障されなくなります。人権の極端な制限は徴兵です。良心的兵役拒否の制度がなくて、ただの徴兵。どこの戦場にでも連れて行かれる。

ですから、民主主義は平和を必要とします。今のイラクについて、「使命は果たした。戦争は終わった」とブッシュ大統領は言っていますが、戦争は続いているではないですか。民主主義と言っても、命がけなら選挙にだって行かれません。投票に行ったら生きて帰れるかどうか。これは絶対的な矛盾です。

戦争で勝敗が分からず、それでも民主主義が崩れなかった場合が二つあります。一つは、アメリカには国内で戦争はなかった。「九・一一」にしてもあの程度でしたから、だいたいアメリカで戦争と言っても、国内が戦争になったのははるか遠くの話です。そこである程度民主主義が機能した。もう一つは、もっと苦しい戦争をして、国内に戦争が及んでいた英国ですね。

しかし英国には、ある程度民主主義があったし、言論の自由もあった。英国では第二次大戦中、ウィンストン・チャーチル[*35]首相が演説して、戦局が困難なことを認めながらも、雄弁に国民の士気を鼓舞しました。そういう演説は他の国ではないでしょう。ドイツ、フランス、アメリカ、日本と、戦争中の宣伝はみんな嘘です。「ひょっとし

＊35　ウィンストン・チャーチル　一八七四〜一九六五年。陸軍士官学校卒業後、インドでの植民地戦争やボーア戦争に参加。保守党員として下院にはいるが、保護関税に反対して自由党に移り、商相、内相、海相、軍需相、陸相兼空相、植民相などを歴任。一九二四年、反社会主義の立場から保守党に復帰し蔵相。第二次大戦開戦と同時に海相、一九四〇年五月に首相に就任。労働党の協力を得て挙国一致内閣を組織し、自ら国防相も兼務して強力に戦争を指導した。一九四五年七月、総選挙で労働党に敗れ下野。一九五一年に再び首相となり、一九五五年に引退。

たら負けるかもしれない」なんて言った首相は、開闢以来チャーチルぐらいのものでしょう。そういうことが可能な政治的雰囲気が、英国にはあったのです。ちょっと誉めすぎかな。ともかくこれは例外ですよ。当時の日本なんか、間違いではなく、意識的に嘘をついていました。

多数派形成の課題

平和を求める真っ当な意見がどうして多数派にならないのかとご質問ですが、そうした意見の人も随分いると思います。ここにいらっしゃる人も、多分半分以上の方が賛成しながら話を聞いてくださっているでしょう。問題は、そういう人が散在していることです。隣の人がどう考えているのか分からない。ばらばらになっているので、明確な運動として表に出てこないし、政治的な力を発揮することができない。グループをつくっても、横の連絡がないから、隣の町で何をしているのか分からない。そこを何とかしたくて、憲法九条については「九条の会」[*36]をつくりました。

真っ当な意見の人が多数いるのは希望ですが、それがどうしてなかなか広がらないのかが問題です。そこで、典型的な三つのグループを考えると、学生と専業主婦と会社員です。このうち、今のところ一番活動しているのは学生と主婦ですね。両者の共通点は、会社に勤めていないことです。仕事で毎晩遅く疲れて帰ってくることがない。

＊36 詳細については、第4章一四九〜一五〇頁参照。

会社勤めをしていないので、会社がかける圧力に洗脳されていません。会社が洗脳する力は強いです。今日のような話をしても、会社の人はだいたい来ないし、来てもなかなか受け入れないでしょうね、話の内容を。会社によって一定方向に洗脳されているからです。会社としては共産党などには投票させないわけです。けれど共産党は合法政党です。選挙でどの党に投票するか会社が干渉するのはあってはならないと思いますが、このシステムは非常にうまくできています。

たとえば、ある社員が共産党に投票したら、解雇はしれないけれど（解雇すれば、抗議されて面倒ですから）出世の妨げになるようなもう少し段階を下げた力を行使する。当人にも圧力がじわじわ来るのが分かる。不利になるのは嫌なので、会社の言う事を聞く。ですから、そこからは何にも出てきません。

だいたい、もう少しまともな意見になぜ賛成しないのかと言うと、それは批判力がないからです。私は今の政府のようには考えないので批判するし、それがまともだと思うんですが、会社員は、批判すると自分に不利になると考えるわけです。比較的圧力を受けないのは仕事をしていない学生と主婦です。

ただし、学生さんは、別の事情でダメです。学校の試験で忙しいかもしれないですが、一番重大なのは自分の仕事でないという点です。日本の社会を運営していて、権利もあるけど責任もあるという立場ではなく、局外者に近い。まだ積極的に参加したり手を挙げたり批判したり戦ったりしないけれど、そのかわり責任も引き受けない。無責任な状態、モラトリアムの状態でしょう、全部ではありませんが。昔からそういう傾向はありました。主婦にはそういう状態は相対的に少ない。彼女たちは、自分が日本社会の一部だと思っている。

他方、日本の会社員、特に男は本を読まないですね。本を読まなければ、はっきり言って無知だ。努力しなければ、テレビ以上のニュースは自然には入ってこないです。それで、まともな意見に反応しないということですが、日本人全体の教育程度はおおむね高いので、単に知能の問題ではないわけです。そうではなくて意志の問題ですよ。要するに望まない、自分の問題なのに望まない。

戦争中日本軍がひどいことをしていた。武者小路実篤[*37]という有名な作家が、戦後、たとえば『一人の男』[*38]（一九七一年）という回想で、「まさか必ず負ける戦争を仕出かす程、日本の軍部は馬鹿だとは思わなかった」（一七五章）とか「人間の馬鹿さは冷静の時にはわからない事があるようだ。あとでわかっても仕方がない時にわかるのが事実らしい」（一八二章）などと、要するに「自分は騙されていた」と言っています。

どうして彼は騙されたか。騙されたいと思ったからです。騙されたくないと思えば、騙されなかったはずです。矢内原忠雄と武者小路実篤のどこが違うかというと、頭の程度、知識の程度ではありません。もちろん、知識の程度の差はあったわけで、矢内

＊37 **武者小路実篤** 一八八五〜一九七六年。一九一〇年、学習院同窓生の有島武郎、志賀直哉らと文学同人誌『白樺』を創刊。一九一八〜二五年、宮崎県内で生活共同体「新しき村」を営む。第二次大戦中日本の「聖戦」を讃えたため、戦後公職追放。素朴な文体と絵筆で人気を博した。

＊38 『武者小路實篤全集』第一七巻（小学館、一九九〇年）所収。

原さんは専門家で素人とは違います。しかしそれより重要なのは、矢内原忠雄は、それが愉快であろうとなかろうと、何が起こっているのか真実を知ろうとしたことです。植民地だった台湾を実態調査して、『帝国主義下の台湾』を書いたのです。まことに不愉快な事実だけれど、日本帝国主義が台湾で土着の人民をいかに抑圧し搾取しているかを明らかにした。だから後に東京帝大をやめさせられてしまうわけですが、ともかくこれは意志の問題です。

戦争の実態を、武者小路実篤も、私の知っているパン屋のおばさんも知らなかった。日本の陸軍情報局と朝日新聞、読売新聞、それからＮＨＫに騙されていたわけです。ただし私は、武者小路実篤と矢内原忠雄先生は比較するけれど、パン屋のおばさんは比較しません。だって実際問題として、パン屋のおばさんが、陸軍の上層部、大学の教授、有名な作家、武者小路実篤、大ＮＨＫ、それに大新聞が一致して述べていることを「間違っています」と言うのは大変でしょう。そのためには、それだけの知識を手に入れなければならない。必要なら、スイスのチューリッヒからの短波放送を聞かなければならない。手に入れれば、外国の新聞も読まなければならない。それをおばさんに要求するのは無理です。そういう教育を受けていないのですから。矢内原さんは自由自在読めるからもちろん読んだ。カトリックの信者ですから、教会関係の資料を分析して真実を見破るのは、そんなに難しくなかったでしょう。

ですから私は、パン屋のおばさんと武者小路実篤を分けるのは環境だと思います。どちらが良いも悪いもない。ですが、武者小路実篤と矢内原忠雄を分けるのは環境ではなく、その人の意志です。知りたければ知ることはできたでしょう。あれほど有名な作家であれば、新聞記者も通信社にも知る人がいて、聞こうと思えば聞けたはずです。知らなかったのは、知りたくなかったからでしょう。

それを拡大して言えば、今の働いている男たちは日本社会の支えなのだけれど、批判者ではありません。本当は、日本社会にアイデンティファイしながら、批判を持たなければいけないのですが。「彼らは考えない」とあるドイツ人（上智大学の先生ですが）が言っていましたが、残念ながら彼らは考えない。家に帰ると奥さんの方が考えている。彼女たちには時間がありますから。

新聞でも、必ずしも『ニューヨーク・タイムズ』でなくても、『朝日新聞』でも時間をかけて非常に注意深く読めば、かなりの情報は入ってきます。ただし、見出しだけではダメです。世界について間違った印象を受ける。ですから活字の大きさを度外視して、活字の大きさを決めるのは新聞社の政治部の記者ですから、政治部の記者に盲従しないで、見出しは自分でつける。そうやって非常に注意深く読めば、『朝日』からでも随分よく分かります。けれど時には『ニューヨーク・タイムズ』や『ロサンゼルス・タイムズ』『ガーディアン』『ル・モンド』もチェックするとなおよいですが、忙しい人は『朝日』でもそういう読み方をしてください。

私がお勧めするのは、『赤旗』と『日経』の組み合わせです。両方が本当だというのはありえないので、精神衛生に非常にいい。片方にはデモがあったと書いてあって、もう片方には何も書いてないのですから、どちらかが間違っている。だから主婦の方たちにはお勧めします。けれど会社勤めの方は忙しいでしょうし、それに武者小路実篤のように知りたくないでしょうから、仕方ないです。どうすれば知ることができるかという方法を伝えても役に立ちません。私は知りたいという意志を持っている人に、私の知っていることを伝えたいと思います。

宗教と戦争

宗教と戦争の関係についてですが、宗教の力だけで戦争を止めることは今の状況ではできないでしょう。戦争を止めるためにはいろいろな力が作用するわけだから、宗教は、その中の有力な一つにはなりますね。

具体的に言うと、今度のイラク戦争について、カトリックのローマ教皇ヨハネ・パウロ二世[*39]は、二〇〇三年の新年メッセージで、ヨハネ二三世教皇の回勅「地上の平和(Pacem in Terris)」四〇周年を記念して、「地上の平和―変わらない決意」を発表し、さらに一月一三日、バチカンと外交関係のある国の使節を迎えての定例スピーチで、

＊39　**ヨハネ・パウロ二世**　一九二〇〜二〇〇五年。一九七八年一〇月、四五五年ぶりの非イタリア人ローマ教皇に選出。ポーランド人初の教皇の誕生は、故国での変革要求の運動に刺激を与えた。教義的には保守派に属しながらも、大聖年の二〇〇〇年には、キリスト教の歴史における反ユダヤ主義や十字軍への反省、ガリレオ・ガリレイ裁判の名誉回復などを公式に発表した。世界一〇〇カ国以上を訪問し、「空飛ぶ教皇」と呼ばれた。

「私は戦争に反対する。戦争は常に、人間性にとっての敗北を意味する」と、明確に反対の意思を示しました。その後も、フセイン大統領やブッシュ大統領に特使として枢機卿を派遣したり、コフィー・アナン国連事務総長[*40]と会談したりと、戦争回避のために精力的に活動しました。

戦争一般ではなく、具体的に今起ころうとしている戦争を止めようとした点で、これは画期的です。もちろんアメリカは強く反発しました。けれども、もっと長い目で見ると、欧米のカトリック信者の数は減っています。教会に来る人の数も減っています。これを基準にすれば、戦争も含め社会に対するカトリック教会の影響力は弱まりつつあるわけです。しかし、ヨハネ・パウロ二世は、個人として非常に勇敢に戦争に反対した。病気にもかかわらず、命がけで、いろいろな人に会ったり声明を出したりして、具体的な反戦活動をやった。これも一つの宗教のありようです。

それから戦争をやる方には大義があるでしょう。イスラムも「ジハード[*41]」(聖戦)と言いますね。ちょっと脱線しますが、「聖戦」というのはイスラムが発明した突飛なもので、文明社会には適合しないという風に論評するのはおかしいと思います。日本だって「聖戦」と言っていたではないですか。こういう事実を簡単に忘れてもらっては困ります。当の日本で「聖戦」が讃えられ、たとえば学校で先生が、この「聖戦」の時に君たちが生まれていたのを祝福するなんて言っていました。なぜですかと

*40 **コフィー・アナン** 一九三八年生。ガーナ出身の第七代国連事務総長。一九九七年一月一日、国連職員から選出された初の事務総長として就任。エジプト出身の前任者、ブトロス・ブトロス＝ガーリは、アメリカの拒否権で、再選を妨げられた最初の国連事務総長となった。

*41 **ジハード** イスラムを守り広めるための戦い。本来は「努力」の意味。反体制派が殉教精神を持って決起する際、しばしばこの名称を組織につけている。

尋ねると、これから学校を出れば、鉄砲を持って「聖戦」に参加できるからだと言うんです。

世界史のなかで、「聖戦」という言葉、あるいはそれに準じた言葉は非常にたくさんあります。十字軍から始まるわけですが、これは「聖地解放のための戦い」と称した侵略戦争です。侵略戦争はたいてい「聖戦」です。宗教と戦争の関係は、戦争を止めるばかりではなく、戦争を煽る方向に多く作用している。教会は戦争に勝てるように祈る。

日本でも、日本が勝てるように神仏に祈った。天照大神[*42]とか素戔嗚尊[*43]とかにお願いしたわけですが、日本の神様は日本にしかいません。日本人が中国に侵略して、中国人が同じ神様に祈るということはなかったわけです。毛沢東や蔣介石が祈っていた神様と、日本人が祈っていた神様は違うわけです。同じ神様を信じるという運の悪い事は起こらなかった。ヨーロッパだと、たとえばドイツとフランスが戦って、両方ともキリスト教でしょう。神様、しかもこれは唯一神ですから、たった一人の神様に、フランスでは、あの鬼畜のようなドイツ人を一日も早く滅ぼしてくださいと祈る。ドイツでは逆に、あの鬼畜のようなフランス人を、と祈る。神様も大変だったでしょうね。

そういうことを、マルセル・プルーストが、長編小説『失われた時を求めて』の一番最後「見出された時」という編で綴っています。この編で、第一次大戦中の灯火管

＊42 **天照大神** 記紀神話に登場する太陽神的性格の女神。高天原の統治を命じられ天に昇るが、弟神・素戔嗚尊の乱暴を怒って天の岩屋戸にこもると世は暗闇となり、出てくると光があふれたとされる。

＊43 **素戔嗚尊** 天照大神により天界から追放されたが、出雲国で八岐大蛇を倒し、大蛇の尾から、三種の神器の一つ、草薙剣を得たと語られている。

制中のパリの街が出て来ます。そこを登場人物が夜中に一人で散歩している。彼は男爵なんですが、ドイツ語とフランス語を自由に読める。ドイツの新聞とフランスの新聞は、主語と目的語を入れ替えれば全く同じだと分かっているのです。プルーストは、このことを見抜いていた。宗教に、それ以上の力はあるでしょうか。

文学・芸術と戦争

そこで、もう一つ、文学の力ですね。もちろん文学の力で戦争は止まりません。戦争をする人は文学を読まない。あるいは読んでも分からない。今挙げたプルーストも文学ですが、第一次大戦、第二次大戦の文学は少ないです。

そのなかで、エーリッヒ・マリア・レマルクの『西部戦線異状なし』があります。第一次大戦の戦場を舞台とした小説で、最後のシーン、ドイツの若い兵隊が、塹壕のなかから蝶を捕ろうと手を伸ばす。塹壕には銃眼があって、その穴から敵を撃てるようになっている。第一次大戦で欧州の戦いは、塹壕戦なんです。その若い兵隊が蝶を捕ろうと手を伸ばしたとき、弾が飛んで来て死んでしまう。その日司令部はベルリンの参謀本部に電報を打った、それが「西部戦線異状なし」。だから電報の文句です。一人の少年が死んでも、司令部にとっては「異状なし」なんです。一人の人間の死を「異状なし」と言うようでなければ、戦争指導はできません。それを告発するのが文学の目的ですが、文学に戦争を止める力はないんです。「西部戦線異状なし」と、日本語では長くなりますが、原文のドイツ語は短いです。電報の文ですから、動詞もありません。Im Westen nichts Neues. これだけです。一兵卒一人死んでも、どうでもいいわけです。

しかし、戦争と文学の関係には、もう一つの側面があると思います。つまり、戦争する側は、どうしても文学を必要とする。なぜなら、その戦争を正当化する理由を発見しなければならないからです。すべての戦争は「聖戦」なのですが、本当に「聖戦」だと説得的に語れるのは文学ですから、文学が必要とされるわけです。

文学と戦争、文学と戦車が対立した一つの例は、一九六八年チェコ・スロヴァキア事件[*44]です。この年の八月二〇日深夜、改革路線を進めるドゥプチェクのいるプラハに、ソ連が率いるワルシャワ条約機構軍が突如侵入する。夜が明けると、町にソ連の戦車がいるわけです。結局ドゥプチェクはモスクワに拉致され、改革中止を取り決めた議定書に署名を余儀なくされたのですが、そのとき驚くべき事が起こった。プラハの市民は、一発のピストルも撃たなかったし、石を投げることさえしなかった。要するに、暴力には訴えなかった。暴力に訴えても、チェコ・スロヴァキアの軍隊が出ても、ソ連軍にはかなわない。だから無駄なことはしなかったのですが、しかし文学を使った。あらゆる知恵を働かせて、非常に面白い標語や工夫をしたわけです。

＊44 **チェコ・スロヴァキア事件**　一九六八年一月、チェコ・スロヴァキア共産党第一書記にアレクサンデル・ドゥプチェクが就任、「人間の顔をした社会主義」のスローガンを掲げ、自由化政策を推進した。「プラハの春」と呼ばれる。チェコ・スロヴァキアの共産圏からの離脱と自由化の波及を恐れたソ連は、八月二〇日、ワルシャワ条約機構五カ国を率いて軍事介入し、全土を占領した。翌年四月にドゥプチェクが解任され、改革派は排除された。

たとえば一晩のうちに、プラハの町の方向標示を全部モスクワの方向に変えた。ソ連の兵隊は道を知らないですから、町中に入って、東だろうが西だろうが、全部モスクワ方面を指示しているのに出くわすわけです。誰がやったか分かりませんが、素直にこれは文学だと私は思います。歌もあるし、詩もあるし、ありとあらゆるものが花咲いた。それを集めた本もあります。議論もあって、ソ連の戦車によじ登って「早く帰りなさい」と言う。ソ連の兵隊はまだ子どもで、「反革命がプラハに起こったから、友好国チェコ・スロヴァキアを助けるために戦車隊が行くんだ」と聞かされていた。それでいざ行くと「早く帰れ」と言われる。「なぜここに来た」と問い詰められ、返事ができなくなって泣き出してしまう兵士もいた。圧倒的に、文学の力は武力に勝った。

しかし、物理的な力に関しては、ソ連の戦車隊は、プラハの大学生より限りなく強いです。実際にハンガリーのブダペストでは、弾丸で撃たれ殺された。しかしプラハでは、ソ連は一発も撃たなかった。一言も口答えできないくらいソ連が純粋に武力を代表していて、頭の中は空っぽだが、武力は圧倒的。逆にチェコ・スロヴァキアの市民は、頭の中はいっぱいで、ありとあらゆる気の利いた文句が湧き出してきたけれど、物理的にはまるで無力。そういう正反対の状況でした。いったいどちらが強いのか、簡単には言えません。ある観点からしたら、無限にプラハの勝利です。しかし別の観点からしたら、もちろんレオニード・ブレジネフ[*45]のモスクワでしょう。

泣きどころは、文学なしにやれる戦争はないということです。必ず彼らは文学を必要とします。自分たちがやっていることが「聖戦」だと言わなければならない。自由だけは文学者の側にあります。言葉と戦車の問題は、非常に基本的な問いかけだと思います。

チェコ・スロヴァキア事件のあった一九六八年、私はヴィーンにいました。距離的に近いので、いろいろニュースが入ってくる。夏ですから、チェコ・スロヴァキアからも、ヴィーンとかザルツブルクにたくさん観光客が来ていました。みんなだいたいドイツ語を話して、そこで聞いた話はとても感動的でした。チェコの人たちは、帰ろうか帰るまいか非常に迷っていました。「帰らない」と言うと、また大変です。夏休みのつもりで出てきただけなのに、亡命になってしまいますからね。ともかく、以上が文学と戦争との関係についてです。

＊45　レオニード・ブレジネフ　一九〇六〜八二年。一九六四年一〇月、フルシチョフ失脚後、ソ連共産党第一書記。一九六六年四月、書記長に改称し、没するまで在任。官僚機構の肥大化を放置し、経済の長期停滞を招いた。個々の社会主義国は、社会主義共同体全体に責任を負うという制限主権論（ブレジネフ・ドクトリン）を打ち出し、チェコ・スロヴァキアへの軍事介入を正当化した。

第 3 章

「帝国」と化したアメリカ
追従しか知らない日本

Douglas Lummis
ダグラス・ラミス

1936年、サンフランシスコ生まれ。政治学者。カリフォルニア大学バークレー本校卒業。政治思想専攻。現在、発展社会研究所（インド）ラジニー・コタリー首席教授。70年から大学教育に従事。2000年３月に退職後、沖縄を拠点とし、執筆や講演などを中心に活躍。著書に『ラディカル・デモクラシー』（岩波書店、1998年）『憲法と戦争』（晶文社、2000年）『日本国憲法をよむ』（柏書房、1993年）『経済成長がなければ私たちは豊かになれないだろうか』（平凡社、2004年）、対訳に『世界がもし100人の村だったら』（マガジンハウス、2001年）、共著に『グラウンド・ゼロからの出発』（光文社、2002年）がある。

訓練と本当の戦闘

最近大阪大学に、自衛隊や海兵隊[*1]の関係者が出入りして、「派兵シミュレーション」とかの「軍学協同」をやっているということですが、それはあまり驚くような話ではなくて、アメリカの大学には、昔から軍隊が出入りしています。私が一九五八年、海兵隊に入ったのも、そうした制度によるものでした。五〇年代は、マッカーシイズム[*2]が吹き荒れて、アメリカで最も民族主義的、右翼的赤狩りのひどかった時代で、その流れを受けて、私は高校三年の時に契約したわけです。四年間の大学の学費と奨学金をもらって、週に一回、軍服を着て登校しました。

この制度はカリフォルニア大学に今でもあるのですが、キャンパスに歴史学舎、政治学舎、社会学舎、工学舎などが並ぶなかに、士官学校もあるわけです。そこで私は政治学を専攻しながら、副専攻として士官学校にも通い、戦略論や戦争史を勉強して、行進の仕方も習いました。夏休みには、実際に軍と一緒に研修をしました。大学四年生になって、高校生の頃よりは知恵もついたので、やめる方法はないかと思ったのですが、もうお金をもらってしまったし、やめたら返さなければいけないうえに怒られるので、いろいろと悩みました。

今でもそうなのですが、実は私は帽子に弱いんです。海兵隊の将校は、自分の制服を、お金を出して買わなくてはいけないのですが、私が注文した海兵隊の一番かっこ

＊1　**海兵隊**　米軍で、陸・海・空軍と並ぶ四軍の一つ。海外派遣の第一部隊で、「殴り込み部隊」とも呼ばれる。人員一七万余で、三個師団に分かれ、第三師団は沖縄に存在する。

＊2　**マッカーシイズム**　アメリカ合州国で一九五〇年代初頭、共和党上院議員ジョセフ・マッカーシーが反共主義を名目として行った政敵攻撃。その主張の大半は、事実に基づかない中傷であったが、緊張する国際関係と、アメリカ社会の反左翼的伝統・排外主義的傾向を背景に、国民をヒステリー状態に陥れた。

いい帽子が配達されてきて、箱を開けてみて、もう足が崩れてしまった。絶対にこの帽子をかぶりたいと思い、海兵隊に入ってしまったわけです。まあ、それだけが理由というわけではありませんが、その帽子をずっと飾っておいて、毎日毎日眺めていた四年生の後半を覚えています。

海兵隊に入って二年間は、アメリカ国内でいろいろな訓練をしました。兵隊というのは、戦争がなければ、スポーツ好きの男（女性もそうかもしれないけれど）にとって結構楽しいものです。訓練は、厳しいスポーツ、子どものゲームの延長みたいなものなのです。それで、事実かなり楽しんだこともありました。ちょうど朝鮮戦争とベトナム戦争の間で、実際に戦争に行ったことはありません。だから、訓練の段階だけなのです。

一回だけ、私たちは危なくなりそうになりました。一九六〇年一二月三一日夜一〇時頃、私たちの船は沖縄を出港し、フィリピンのスービック湾にある米軍基地にいました。将校クラブに行って、ビールを飲んだりして楽しんでいるところでした。すると、軍警備が回ってきて「船に戻れ」と言うのです。米大統領の命令で、私たちはラオスに行くことになったのです。警備隊は、スービック湾基地の裏にあるオロンガポという街で、飲み屋やラブホテルから海兵隊員や水兵を引っ張り出して、私たちは朝一時頃に出発しました。

ラオスの近海で、一週間近くグルグル海を回っている間、私たちはラオスがどういう国かといった教育を受けながら準備をしていました。ヘリコプターの空母だったので、ヘリコプターで入る予定で、戦争状態に入る直前の状況だったわけです。

そこで、私たち海兵隊の将校は何をしていたかというと、本来なら、毎日体操をしたりラオスの地図を片手に勉強したりしなければならないはずだったのですが、実際には、船内の将校クラブに集まって、モノポリーというボードゲームをやっていたのです。つまり、完全な現実逃避です。わいわいボードゲームをやって、自分の司令官の指示を無視して、遊んでいたわけですよね。現実逃避。これから何が起こるかということに対して、私たちはしっかりした意識を全く持っていなかったのです。幸いなことに、出撃命令は取り消されました。

もし私たちがラオスに侵入していたら、アメリカのインドシナ戦争へのかかわりは、そこから始まったことになります。ベトナムではなく、ラオスからです。当時はアイゼンハワー大統領[*3]の末期で、彼は職業軍人でしたから、軍隊を送ったらまずいと判断したのです。次のケネディが分からなかった。結局、ケネディ政権は、軍事顧問団という名で一万六〇〇〇の軍人をベトナムへ派遣し、軍事介入を進めました。

さて私は、その後暫くして除隊し、関西に来て、別の生活、別の生き方に変えました。しかし、かつて一緒に飲んだり、遊んだり、話をしたりした友達のうちの何人か

＊3 **アイゼンハワー大統領**　一八九〇〜一九六九年。一九四四年六月、連合国軍最高司令官としてノルマンディー上陸作戦を指揮。一九五二年、大統領選挙に勝利し、二〇年ぶりの共和党政権に実現した。六一年一月、大統領引退時の「告別演説」で、巨大な軍事組織と軍需産業との結合（軍産複合体）に強い警告を発した。

は、再契約をして、海兵隊員を続けました。彼らはベトナム戦争に行き、後で入った情報によれば、死んだ人や、地雷で足を一本失った人もかなり出ました。

兵隊をやっている振りをする、訓練だけの平時の経験と、実際に戦闘に入った場合の兵隊の経験は、全く違います。いくら厳しい訓練を受けたとしても、戦場に入るとびっくりするという話を聞きました。私は行ったことはないけれども、何人かの人が話してくれました。

アレン・ネルソンさん[*4]の名前をご存知の人がいると思います。彼の書いた本を読んだ人もいるでしょう。彼は、一九六六年に海兵隊に入り、沖縄に駐留した後、ベトナムの戦地へ向かいました。もともとニューヨークの貧民街で育った黒人で、厳しい戦場体験を経て、ノイローゼ状態になってしまいました。戦地を離れてもそれは続き、平和主義者になって落ち着きました。

彼はしばしば来日し、沖縄でも講演をするわけですが、ある時私に非常に面白いことを言いました。「初めて本当の殺し合いに参加したとき、何に一番驚いたと思いますか」と私に尋ねるのです。「分かりません」と答えると、彼は「音楽がなかった」と言うのです。面白いでしょう。彼は、「最も攻撃的で残虐な部隊」である海兵隊の厳しい訓練を受けたうえで、ベトナムに行ったのです。ところが、実際ジャングルに入って鉄砲を撃ち始めると、何かが違う。音楽がないんです。つまり、最後の最後ま

＊4　アレン・ネルソン／國弘正雄『沖縄に基地はいらない　元海兵隊員が本当の戦争を語る』（岩波ブックレット、一九九七年）。『ネルソンさん、あなたは人を殺しましたか？　ベトナム帰還兵が語る「ほんとうの戦争」』（講談社、二〇〇三年）。『アレン・ネルソンの「戦争論」』1・2（かもがわ出版、一九九七年・二〇〇三年）。

で「これは映画だ」とどこかで思っていたわけですね。たとえ反戦映画でも、音楽は流れます。ベトナム戦争を厳しく批判するような映画にしても、音楽は流れています。そこから、歴史的な意義と言うか、この人たちのやっていることには意味があるのだというイメージが湧いてきます。しかし、現実のジャングルには監督はいないし、この映画を見ている人もいない。音楽は流れていないし、スクリプトも台詞もない。ただ人がバンバンバンバンと殺しあっているだけ。その実態や状況に、アレン・ネルソンさんはとても驚いたそうです。

『すべての人が戦争について知るべきこと』

最近アメリカで、興味深い本を見つけました。二〇年近く外国特派員としてさまざまな戦争を密着取材した『ニューヨーク・タイムズ』紙の記者、クリス・ヘッジスが書いた本で、題名を直訳すると『すべての人が戦争について知るべきこと』となります。[*5]

この本は、イギリスを代表する詩人、ジェフリー・チョーサー[*6]が一三九二年に書いた本からの引用で始まっているのですが、それは「「戦争、戦争」と叫びながら、戦争がどんなものかまるで分かっていない男が実に多い」というものです。そこで、まずは戦争に関する事実を知ろうというわけです。頭から「戦争はいけない」と訴えた

＊5 Chris Hedges, What Every Person Should Know About War, Free Press, 2003.

＊6 **ジェフリー・チョーサー** 一三四〇?～一四〇〇年。中世イギリス最大の詩人。『カンタベリー物語』は特に有名。

り、主義・主張を展開したりするのではなく、実際に戦争になると何が起こるのか、事実の描写に徹し、質疑応答の形式で書かれたとても冷静な本です。

それで、この本を読んで受けた印象をいくつか述べますと、一つは、「さすがアメリカの本だな」と思ったということです。日本でこのようなタイトルの本を書こうとすると、特に私が今住んでいる沖縄で書くとなると、まず取り上げられるテーマは、空襲とはどういうことなのか、自分の町が焼け野原になることがどういうことなのか、大阪なら大阪大空襲、東京なら東京大空襲、あるいは広島、長崎、沖縄等々の悲劇だと思うのです。あるいはまた、自分の家族が殺された、食べ物がなかった、戦地から戻ってみると家がなかったり、畑を軍に取られたりしたといった被害経験ですね。

この本には、そういうことが一切書いていない。そうではなくて、自分が軍隊に入り、海外に行って人を殺して帰ってくるというのは、どういう経験なのかということに焦点が当てられています。もちろん、人を殺すだけでなく、撃たれてしまうかもしれないわけですが、いずれにしても、海外まで戦争をしに行くとはどういうことなのか、ということなのです。つまり、加害者側の反戦の本なんです。反戦なのだけれど、歴史体験が正反対で、加害者の側に立った人間の経験に根ざしているわけです。

特に今日本では、イラクの「復興支援」とか、自衛隊の派兵に賛成するものの考え方がはやっていますね。ということは、海外で戦争をしてくる、加害者の側に立つだろうという暗黙のイメージがあるのだと思います。ヘッジスの本を読むと、加害者側に立ったとしても、軍隊の経験は辛いのだということがよく分かります。

日本人が持つ戦争のイメージは、兵隊が海外に行って死んでしまう、殺されるというものですね。戦争するということは、死んでくる、殺されてくるということなわけです。もちろん、死んでしまう兵隊もいますけれど、私は三年間の海兵隊の訓練で、死ぬ訓練を受けた覚えはありません。どうやって死ぬかということは、誰も教えてくれません。死に方のマニュアルはありません。そういう訓練はしないんです。

あくまで訓練とは、殺す訓練です。兵士の仕事は、殺すことです。アレン・ネルソンさんも、「行くぞ。行くぞ。最後まで、海兵隊。ウォー、K・I・L・L、キル、ウォー」と走りながら叫んで、人を殺す心の準備をした経験を書いています。自衛隊にしても、兵隊は人を殺すことを専門にしているわけで、同じような訓練を受けているはずです。ところで、ヘッジスの本によると（彼の統計数値は、米軍のデータに依拠しているのですが）、生まれながらの殺人者と言えるのはたったの二パーセントで、九八パーセントの人は、軍隊に入ったら、殺人を犯すことへの抵抗感を克服しなければならない。訓練の目的とは、なかなか人を殺すことができないその壁を壊すことにあります。人を殺せない人間から、殺せる人間へと生まれ変わらせるのです。

第二次世界大戦が終わって、米軍は、自分の軍隊を調査しました。前線に赴いた兵士たちに、「前線で、敵に向かって本当に発砲しましたか」と聞いたのです。すると、六〇パーセントぐらいは撃ってない、撃てないと答えたのです。結局、実際に戦争をしたのは、残りの四〇パーセントだけということですね。撃てない、人を殺せない。しかしこれは、米軍にとっては大問題です。せっかく給料を払い、制服も食事も与えているのに、仕事をしていないのですから。

そこで米軍は、訓練の仕方を変えました（実は、私の時代まではあまり変わらなかったのですが）。私の時代には、鉄砲の訓練は、丸い的を立てて、ゆっくりその真んなかに当たるように撃つというものでした。何点とれるかというゲーム仕立てで、だから意識的にゆっくり狙ってパーンと撃ったわけです。しかし、それはどうも逆効果かもしれない。ゆっくり相手の顔や体を見ながら撃つというのは、なかなかやりにくい。そこで、やり方を変えました。的を人間の体の形にし、バネをつけて、たくさん置いたのです。兵隊が鉄砲を持って歩いていると、バネのついた標的が突然バーンと上がる。それをすぐさま、バババババッと、別に狙うのではなく、何も考えずに条件反射的に撃つ。このやり方にして、ベトナム戦争では、能率が非常に上がったそうです。九〇パーセント以上が、敵に向かって撃ったそうです。

しかし、訓練の「成果」はそこまでで、ヘッジスの本に書いてあるとおり、人の命を奪う経験した人間の精神が深く蝕まれることに対しては、どうしようもないのです。

いったい、初めて人を殺した時、どんな気持ちがするでしょうか。答えは、あなたが普通の人なら、撃った瞬間とても興奮するかもしれない。なぜかというと、体が生理的な反応をして、危機感に対して興奮剤みたいなものを出すから、麻薬を打ったように、ワーッと興奮するかもしれない。そして、それが切れると別の反応が始まる。武器を捨てて泣き出すとか、「許して、許して」と叫ぶとか、自分が撃った遺体を見て嘔吐するとか、足元が崩れて歩けなくなるとか、人それぞれにそういう反応が非常によく起こります。

もっとも、そういう反応は最初だけで、何度も人を殺していると、薄れていくようです。普通の人は、初めて実際に人を殺した時、いくら厳しい海兵隊の訓練を受けていたとしても、その準備はできていない。現実に人を殺すと、吐くとか、震えるとか、泣くとか、倒れるとか、非常に厳しい反応が出る。一人の人間を撃った時でさえそうなのですから、激しい撃ち合いといったとても恐ろしい体験をした場合、その後の反応ももっと激しいものになるわけです。目が見えなくなるとか、耳が聞こえなくなるとか、声が出なくなるとか、これは、比喩的な意味ではない文字どおりのヒステリー、精神病的なヒステリーの症状がしばしば見られます。それが続くと、戦争ができなくなる人が増えることになります。

第二次世界大戦に関する米軍の統計によれば、精神的な反応による被害者の数は、殺される人の数を上回りました。それから、これは有名な統計ですが、ベトナム戦争で殺された米兵の数よりも、戦争が終わって帰国し、その後自殺した米兵の数の方が多かったのです。また、ヘッジスによれば、もしある軍団が二ヵ月間、ずっと撃ち合いが行われる最前線にいた場合、実に九八パーセントの人が、精神的なストレスで戦闘を続けられなくなってしまうそうです。要するに、九八パーセントが狂って戦争ができなってしまうのです。残りの二パーセントはなぜ平気かというと、既に狂ってぃる人、既にノイローゼの人なのです。軍隊に入って戦争に行かなかったら、連続殺人でも起こしそうな、ちょっと意識の異常な人、そういう人が軍隊では一番能率が良くて、勲章をもらえるんです。相手側に死傷者を出すのは、こちら側の五パーセントの兵隊だそうです。要するに、五パーセントが実に効率的な殺し屋なわけです。いずれにしても、軍隊の訓練を受けることと、実際に戦争をするということとは、全くの別物なのです。

日本の自衛隊にしても、やはりそのことが分かっていないと思います。一九五二年に自衛隊ができて半世紀余り、国の交戦権により一人の人間も殺さなかったのは、とにもかくにも日本国憲法がまだ生きているよいことです。その反面自衛官は、自分の仕事がいったい何なのか分かっていないし、経験していないんです。自分がもし海外で本当の殺し合いに参加することになれば、当然びっくりするでしょう。

最近は、アフリカなどで少年兵・少女兵の存在が問題になっています。ここでもやはり、同じ問題にぶち当たります。子どもたちは、とても人間を殺せない。そこで、まず小さい動物を殺させるわけです。ネズミを殺せ。ウサギを殺せ。だんだん大きな動物を殺すのに慣れて、最後は人間を殺せるようになる。このやり方は賢いかもしれないですね。とにかく何か特別なことをしないと、普通の人はなかなか人を殺せません。そういう壁があるのです。

プラトンの『国家』——西洋政治思想の源流

ここでテーマを変えて、日本政府がイラクに自衛隊を送る問題について考えてみたいと思います。そこで根本的に重要なのは、イラク戦争とは何なのかということです。これは、アメリカが作った戦争です。日本が作った戦争ではありません。日本の自衛隊派兵は、言うまでもなく日米安保条約[*7]の影響です。

私の本来の専門は、西洋政治思想史です。ずっと大学で、プラトン、アリストテレス、マキャベリ、アウグスチヌス、ホッブス、ルソー等々を教えてきたわけです。西洋政治思想の出発点は、プラトンの『国家』です。西洋哲学とはすべて、プラトンの問題提起にどう答えるかという作業だという見方すらあります。

ご存知のように、プラトンの『国家』[*8]は、対話のような、芝居のような形式になっ

＊7 **日米安保条約** 日米安全保障条約のこと。一九五一年九月八日、サンフランシスコ講和条約とセットの形で調印、翌年四月二八日発効。一九六〇年、岸信介首相の下での条約改定に際し、国民的な反対運動が起こった。一九九六年四月、クリントン大統領と橋本龍太郎首相の共同宣言は、日米安保体制を、二国間の枠組みを越え、アジア・太平洋地域安定の基礎と位置づけ、両国の軍事協力にさらに一歩踏み込んだ。日本国内では、日米安保重視の立場から、歴代政府が否定してきた「集団的自衛権」を認める声が強まっている。

＊8 **『国家』** プラトンは古代ギリシャの哲学者（紀元前四二七〜三四七年）。紀元前三七五

ています。ソクラテスという主人公が、周りの人々に質問をします。『国家』の最初のところで、ソクラテスが老人ケパロスに、〈正しさ〉〈正義〉の定義について質問します。ケパロスが、誰かに嘘を言ったりしないこと、借りたものを返すことだと答えた。ソクラテスは、例によって難しい問いを発します。「この場合はどうでしょう。友人から武器を預かったとする。その時は正気だったその友人が、あとで気が狂ってしまう（精神病です。「精神病」という言葉はギリシャ語になかったのですが、「マニア」という単語を使っています）。そしてその友人が、狂ってから武器を返してくれと言ってきたとする。このような場合、武器を返す人も、その友人に、預かったものを返すというのは、必ずしも〈正しさ〉〈正義〉定義として通用しないではないでしょうか」と。ケパロスは、息子のポレマルコスが口を挟んだのをいいことに、その場を立ち去ってしまいます。

　この不思議な話が、西洋政治思想の出発点です。後段を読み進めていくと、意味がだんだん見えてくるのですが、武器とは国家権力、軍事力を指します。そして、「マニア」は、権力を持ち過ぎたことによって起こる病気を指しています。『国家』の最後に近い辺りで、法と秩序から最も遠く隔たっているものが、道理から最も遠く隔たっており、それは独裁者だと書いてあります。人は権力を持ち過ぎると何でもできると錯覚する。他人はルールに従っても、自分は従わなくてよろしい。何でも勝手にや

年頃執筆された『国家』で、統治者階級・戦士階級・生産者階級の調和を、哲人王の支配に期待した。

って構わない。だが、何の秩序もなくなると、自分の心のなかにも秩序がなくなり、気が狂ってしまう。ずっと独裁者でいると、頭がおかしくなってしまう。そういう「マニア」に国家権力、軍事力を持たせるべきか。そういう話なんです。

別の国になったアメリカ

今の話が間接的に何に関係しているか、おそらく皆さんお分かりになったと思いますが、要するに日米安保条約のことです。日本政府とアメリカ政府が安保条約を結んだ時、アメリカ政府は、一定の外交政策原理を持っていました。当時から私は、朝鮮戦争やベトナム戦争を引き起こしたその外交原理に批判的でした。しかし、ともかく一応の原理が形として存在したわけです。それは、先制攻撃[*9]はしないということです。冷戦[*10]の時代だったから、敵がいたわけですよね。containment policy、つまり封じ込め政策が行われました。それは、敵に対して攻撃はしないが、敵の勢力拡大は許さないというやり方です。先制攻撃はしないけれども、軍事力で戦争を抑止する。この「抑止力と封じ込め」という戦略で、冷戦時代のアメリカは一貫しており、トルーマン大統領からクリントン大統領まで基本的にこの線で来たわけです。日米安保条約とは、日本が、そのような政策を持っていたアメリカと結んだ条約です。日米安保条約を支持した日本人は、そうしたアメリカとの条約を支持したわけです。

＊9 **先制攻撃** 相手が実際に攻撃しなくとも、それが予測されたとの理由で、先に武力行使すること。

＊10 **冷戦** 第二次世界大戦後の米ソ両超大国の対立。自由主義と共産主義というイデオロギー的対立と、核兵器を含む軍事的対立とによって特徴づけられる。両陣営が敵対しても、実際の武力行使は伴わないという「冷戦」の概念が妥当するのはヨーロッパにおいてであって、第三世界では、米ソ代理戦争のような「熱戦」が繰り広げられた。一九八五年三月、ミハイル・ゴルバチョフ・ソ連共産党の登場後、国際環境が劇的に変化し、一九八九年一二月二〜三日の米ソ首脳会談で、冷戦の終結が宣言された。

ところが、現在のブッシュ政権になって、アメリカは、それまでの政策を一変させました。アメリカは、あの頃とは全く別の国になりました。もちろん、アメリカの本質は変わっていないという議論もあるわけで、昔から先住民への虐殺やら侵略やら無差別大量爆撃[*11]やら、いろいろひどいことをやってきて、今回のイラク戦争は、アメリカの正体を見せただけだという言い方もできるかもしれません。それでも、ブッシュ政権になって、特に「九・一一」以後、アメリカ政府は、自分たちに三つの権利があると言い出したのです。第一は、先制攻撃を行う権利。次に、外国の政権を交代させる権利。第三に、アメリカ合州国に一度も入ったことのない外国人を逮捕・監禁し裁く権利。この三つの新しい権利がアメリカにあると言っているだけでなく、事実それに基づいて行動しているわけです。

この三つの権利について、もう少し詳しく話したいと思います。先制攻撃とは侵略戦争[*12]です。国連憲章[*13]には、「戦争」という文言はなく、侵略、つまり先制攻撃は禁止されています。

しかも、第二次世界大戦後、戦争の開始や戦争の方法の規制に対する重大な違反を裁いたドイツのニュルンベルク裁判[*14]を経て、国連はニュルンベルク原則というものを確立しました。つまり、平和に対する罪、戦争犯罪、人道に対する罪の三つを、国際法上の犯罪として処罰されるものとしたのです。

＊11　**無差別大量爆撃**　軍事目標と民間目標を区別せず、大量の民間人の被害を生み出す爆撃。爆撃目標の性格は攻撃側が判断し、目標を発見すれば即座に攻撃する。その際しばしば大量破壊兵器が使用される。

＊12　**侵略戦争**　侵略と自衛の線引きは必ずしも明確でないが、一般に、自国領土に限定した武力行為が自衛戦争、他国領土に武力を展開する行為が侵略戦争と見なされる。二〇〇三年三月一一日、オランダのハーグで正式に発足した国際刑事裁判所（ICC）でも、「侵略」の罪は、定義が定まっていないため、対象犯罪にまだ入っていない。

＊13　**国連憲章**　第四条　1　国際連合における加

平和に対する罪とは、戦争を起こすこと、侵略することです。ニュルンベルク裁判と東京裁判[*15]では、この罪名で、多くの有罪判決が出て、死刑が執行されました。ところが今度、アメリカ政府は、「侵略」ではなく「先制攻撃」と名前を変えて、アメリカ合州国ならやってよいと言い出したのです。これは、戦後の国際法の根本原理を覆したことになります。しかも、アメリカはそれを言っただけでなく、実際に二回強行しました。つまり、アフガニスタンとイラクという、アメリカと戦争をする意志も能力も準備もない国に対して、先制攻撃をしたのです。これは侵略戦争です。しかも、他の国にも同様の権利があるとはもちろん言わない。アメリカだけ、あるいはせいぜいアメリカの同盟国だけです。国連にだって、そういう権利はありません。

二番目は政権交代です。政権交代は、昔は「内政干渉」と呼ばれ、禁止されていたのですが、アメリカは今やこれも構わないと言っているのです。そして実際に二回、自分たちの気に入らないアフガニスタンとイラクの政権を交代させました。

三番目は逮捕です。昔のアメリカの西部劇に、こんな場面がよく出てきます。銀行強盗か列車強盗をした一団が、馬に乗って南へ逃げる。それを保安官が追いかける。強盗団は逃げて逃げて、メキシコの国境を越えてしまう。フェンスがないから、メキシコに入るのは簡単です。ところが保安官は、国境の手前で止まり、「逃げられた」と頭を抱える。保安官は、メキシコに入って人を逮捕することはできません。アメリ

盟国の地位は、この憲章に掲げる義務を受諾し、且つ、この機構によってこの義務を履行する能力及び意思があると認められる他のすべての平和愛好国に開放されている。

2 前記の国が国際連合加盟国となることの承認は、安全保障理事会の勧告に基いて、総会の決定によって行われる。

第五一条

この憲章のいかなる規定も、国際連合加盟国に対して武力攻撃が発生した場合には、安全保障理事会が国際の平和及び安全の維持に必要な措置をとるまでの間、個別的又は集団的自衛の固有の権利を害するものではない。この自衛権の行使に当つて加盟国がとつた措置は、

カの刑法は、メキシコには適用されないからです。だから、保安官は、メキシコで「自分は保安官だ」と言っても通用しない。逆に、逮捕されてしまうかもしれない。つまり、メキシコでは、彼が行使する暴力に正当性がないわけです。そこで、強盗団の連中を引き渡して欲しいと、メキシコ政府と面倒な交渉を始めなければならない。これが、主権国家制度の根本原理です。

それぞれの国にそれぞれの刑法があって、ある国の刑法は、その国内にはあてはまるけれど、国外には使えない。外国人は、入国した国の法を守らなければいけませんが、イラク人がイラクにいる時に、アメリカの刑法を守る義務などありません。

ところが、ご存知のように、アメリカはアフガニスタンを侵略して、数百人もの外国人（アフガニスタン人だけでなく、パキスタンやサウジの出身者もいましたが）を、キューバにある米軍基地に逮捕・監禁しました。これが現在まで続いているのですが、多くの人は、今回の監禁が報道されるまで、アメリカ合州国がキューバに軍事基地を持っているということを知らなかったでしょうね。

一八九八年にアメリカはスペインと戦争しましたが、その時キューバはスペインの植民地でした。キューバ人の反スペイン独立運動を背景として、キューバの砂糖・タバコ産業に多額の投資を行っていたアメリカでは干渉論が高まり、メーン号爆沈事件*16を機に、スペインを懲らしめろという世論が沸騰しました。そして、この戦争に勝っ

直ちに安全保障理事会に報告しなければならない。また、この措置は、安全保障理事会が国際の平和及び安全の維持又は回復のために必要と認める行動をいつでもとるこの憲章に基く権能及び責任に対しては、いかなる影響も及ぼすものではない。

＊14 ニュルンベルク裁判 一九四五年一一月二〇日から翌年一〇月一日にかけて、ナチ体制の指導者二二名を訴追して裁いた、史上初の国際軍事裁判。一二名に死刑、七名に一〇年〜終身刑、三名に無罪の判決。国際軍事裁判の終了後ニュルンベルクでは一九四九年まで、米軍政府により、医師、官僚、法律家、親衛隊行動部隊、経済界など、一二の後継裁判が行われた。

て、スペインからキューバ、プエルト・リコ、フィリピンを奪ったのです。これは明らかに帝国主義的な拡張戦争です。

フィリピンは、第二次世界大戦後の一九四六年、アメリカの植民地支配から独立しました。プエルト・リコは今でも植民地です。法的には、米国との関係が「自由に連合した自治」とされているところから、「自治領」(Commonwealth)と呼ばれているものの、アメリカの支配下にあることに変わりありません。プエルト・リコの住民には、米国市民権はありますが、大統領選挙や上下両院議員選挙での選挙権はありません。さらにキューバの場合は、米西戦争の講和条約で、スペインの支配から離れることと、独立するまでアメリカの軍事占領下に置かれることが定められました。一九〇二年にキューバは独立したのですが、アメリカがキューバへの干渉権や海軍基地提供の義務を明記した憲法条項を押しつけたため、実質的には半植民地の状態にとどまったのです。翌年アメリカはキューバの傀儡政権と条約を結び、キューバのグアンタナモに海軍基地を永続的に持てるように認めさせたのです。一九五九年、カストロがキューバ革命[*17]に成功し、翌々年には社会主義革命を宣言しましたが、アメリカに支援された反革命軍は撃退できても、国土から米軍を追い出すほどの軍事力を持っていなかったため、そのまま現在に至っているわけです。

そこで、グアンタナモでの監禁[*18]ですが、普通、戦争では捕虜の権利が認められてい

*15 **東京裁判**　日本の戦争指導者二八名を「主要戦争犯罪人」(A級戦犯)として裁いた極東国際軍事裁判のこと。アメリカの占領政策の一環として進められ、天皇不訴追が貫かれた。公判は一九四六年五月三日に開始され、張作霖爆殺や南京大虐殺など、当時の国民に知らされなかった重大事件が暴露された反面、旧植民地などアジアの声は封殺されるなど、勝者による一方的な断罪の面も否定できない。一九四八年一一月一二日、判決文の朗読が終わり、被告への刑が宣告。同年一二月二三日、東条英機ら七名が絞首刑に処せられ、翌日、岸信介、児玉誉士夫、笹川良一らA級戦犯容疑者が釈放された。

*16 **メーン号爆沈事件**

ます。第二次世界大戦後の経験を踏まえ、一九四九年にジュネーヴ条約[*19]が結ばれ、捕虜の待遇について細かな規定が定められました。抑留国は、捕虜に人道的な待遇を与えなければいけない。健康に危害を与える行為、暴行、脅迫、侮辱などは、明確に禁止されています。そして、一番重要なのは、戦争犯罪を犯した場合を除いて、捕虜を裁いてはいけないということです。戦争で人を殺したというだけでは、罪を問えないからです。このように、抑留国は捕虜を大切に保護して、敵対行為が終わった後、直ちに解放・送還しなければならないのです。

第二次世界大戦後の戦犯裁判で、通常の戦争犯罪と人道に対する罪を訴追するいわゆるBC級戦犯裁判が行われましたが、そこで訴因となった主な罪科は、俘虜や一般人に対する殺害・虐待・虐待致死でした。ともかく捕虜は、いじめてはいけないのです。でもアメリカは、どうもいじめたいから「彼らは捕虜ではない」と言い張っている。つまり、監禁されている人々に、捕虜の権利を与えたくないわけですね。そして、裁き処罰しても構わないと言っているわけです。

そこで、捕虜でなければ、彼らはいったい何なのかという問題が生じます。通常の犯罪容疑者でしょうか。もしそうなら、アメリカ合州国の憲法や刑法、それから判例の蓄積から、犯罪容疑者の権利も、非常に細かく保障されているわけです。弁護士と会ったり、陪審裁判を受けたりする権利です。ところが「九・一一」後の二〇〇一年

一八九八年二月、当時の新型戦艦メーン号がハバナ湾内で撃沈された。開戦に持ち込むため、スペインが先に攻撃したように見せかけた捏造事件と言われる。アメリカは、キューバとフィリピンを舞台とした米西戦争に勝利し、世界帝国への道を踏み出した。

＊17　キューバ革命　フィデル・カストロに指導されたラテンアメリカ最初の社会主義革命。一九五九年一月一日、バティスタ独裁政権を打倒。翌年二月、ソ連と貿易援助協定を結んだことから、アメリカは革命政権を敵視、六一年一月に両国は断交した。同年、アメリカが支援する反革命軍の侵入を撃退し、カストロはキューバの社会主義革命を宣言した。

一一月一三日、ブッシュ大統領は、外国人のテロ容疑者を通常の刑事裁判ではなく、軍事裁判で裁くことを可能にする大統領令に署名しました。そんなものをつくってよいとは、アメリカ憲法[*20]のどこにも書いていません。議会での議論もありませんでした。法的根拠の説明もなしに、三軍の「最高司令官」である大統領が文書にサインしておしまいです。

それにより、犯罪容疑者、被告に対して普通認められている権利は極度に制限され、当局は説明責任をせずに済みました。テロ容疑者は、弁護士もつけてもらえず、陪審制でない非公開の軍事法廷で裁かれることになりました。そして、もし自分に不利な証言をされたとしても、テロ容疑者の証拠を持っているのはスパイだからと、誰によるどんな証言か教えてもらえない。検事側の他の証拠にしても、場合によっては国家機密[*21]だからと、弁護団に見せる必要がない。このように、この大統領令は、根本的な部分で人権に抵触していると言えます。

ちょっと脱線してしまいますが、基本的人権とは、いつ、どういう理由で、どういう手続きで処罰してよいのかということに関する権利だと思います。たとえば、絶対王政時代のヨーロッパでは、専制君主が、あいつは歌が下手だから殺せとか、冗談が面白くないから殺せとか、あのメッセンジャーは自分が読みたくない手紙を持ってきたから殺せと命令した話がいろいろありました。そういうのは嫌ですから、処罰する

＊18 **グアンタナモでの監禁**　二〇〇二年一月から、「九・一一事件」後の対アフガニスタン戦争で拘束されたタリバン兵やアルカイーダ容疑者ら約六〇〇名が、同基地内の施設に収容された。テロとはまったく関係ない無実の民間人が多く含まれ、弁護士への接見や裁判が行われないだけでなく、屈辱的な行為や無理な姿勢の強要、独房への監禁といった被収容者の人権を一切無視した精神的・身体的な拷問が繰り広げられている。

＊19 **ジュネーヴ条約**　第2章＊10(六〇頁)参照。

＊20 **アメリカ憲法**　一七八七年、ジョージ・ワシントンを議長とする憲法制定会議で草案が起草され、八八年六月二一日に承認され発効した憲

時には、何の犯罪なのか、どういう手続きでするのかなどを明示すべきだという闘いの中から、人権保障の基礎が築かれていったのだと思います。

　たとえば、日本国憲法の人権条項を見ると、言論の自由[＊22]があります。つまりそれは、何かを喋っただけで処罰してはいけないということです。結社の自由にしても、何か組織をつくっただけで、その人たちを処罰してはいけないということですね。やはり、自由の裏には、逮捕・処罰の問題があるわけですね。そこで（繰り返しになりますが）、基本的人権の最も基本にあるのは、国家権力がある人を逮捕した際、なぜ逮捕したのかをその人に言わなければいけないという点です。いつ、どこで、どんなことをして、それがどんな法律に違反しているのかを言わなければいけない。それを受けて、弁護も可能になるわけです。

　グアンタナモの場合、米軍側からの正式な情報がまるで入ってきません。おそらく、拘束している側も、事態が分かっていないのではないかと思います。ある新聞報道によれば、あれほど多くの人が逮捕・監禁されたのは、アフガニスタンの北部同盟やパキスタン軍が、報奨金目当てに米軍に売ったからだそうです。おそらく、逮捕の経緯を記したまともな書類もないでしょう。まるでフランツ・カフカの小説『審判』の世界で、ある日突然、特別な理由もなしに逮捕され、やがて裁判にかけられるのですが、まるで事情が分からない。弁護してみろと言われても、「自分は善良な人間です」く

法。今でも機能している憲法としては世界最古だが、これまで合計二七条の憲法修正がつけ加えられている。

＊21　**国家機密**　外交・軍事など、国家にとって特に重要な行政上の秘密。国家の側は、しばしば刑罰をもって機密を保護しようとするが、これは、国民の知る権利、情報公開の理念に抵触する。

＊22　**言論の自由**　第2章＊8（五六頁）。

らいしか言えない。『審判』では、主人公は、何もかも分からないまま、最後には殺されてしまうのですが。

さらに悪いことに、アフガニスタンで捕まった人はテロリストとされ、グアンタナモに収容された囚人に対する特別軍事法廷[*23]は、全然開かれていません。まともな裁判手続きもないまま彼らを長期間拘束していることに、アムネスティや赤十字国際委員会を初め、各国の世論も厳しい批判をしています。

人身の自由[*24]は、自由権を構成する基本的人権の一つです。イギリスでは、君主大権の濫用に対し人身の自由を保護するために、一六七九年に人身保護法が定められました。つまり、人が逮捕され監禁された場合、その弁護士は裁判所に訴え、人身保護令をだしてもらいます。人身保護令とは、その人を監禁している機関に対して、その監禁理由、どのような行為がどの法律を破ったのか、その行為を本当に行ったというどのような証拠があるのか、を見せろ、という命令です。見せられない場合、その機関はその人を釈放しなければいけません。ある人権弁護士が、グアンタナモの囚人のために、アメリカの人身保護法に基づき「違法な拘束を受けた」として、アメリカの法廷で訴訟を起こそうとしたのですが、裁判所から断られました。理由は、囚人たちがキューバにいるからです。グアンタナモがいくら米軍基地でも、キューバ領内にあるので、アメリカの裁判所の管轄権は及ばないし、アメリカ国内で訴訟もできないとい

＊23　**特別軍事法廷**　グアンタナモ米軍基地の被収容者を「外国人テロリスト」として裁くための法廷。軍事法廷では、弁護士の自由な選任や上訴の権利が保証されないうえに、死刑判決を受ける可能性がある。

＊24　**人身の自由**　身体の自由。法律上の手続きによらず、正当な理由なしに、逮捕・拘禁・処罰されないこと。

うわけです。

この報道に接して、どうしてアフガニスタンで捕まった人を収容するのにキューバの米軍基地が選ばれたのか、やっと分かりました。要するに、どの国の法も届かない場所なのです。もちろんキューバの法律も適用しないし、捕虜の資格もないので、国際法も届かない。囚人は法のない世界に置かれているのです。

別のニュースでは、アメリカは、グワンタナモ米軍基地以外に、軍艦の中での監禁も考えたそうです。そうすると、逮捕した人を米軍艦のなかに置き、海上をグルグル移動しながら、法の届かないところで軍事裁判をやる。やっても、誰も近づけないし、被告を処分するのも簡単です。実際に軍艦に囚人が監禁されているのかどうかは分かりませんが、時々新聞に「グワンタナモ米軍基地などに監禁」と書いてあると、その「など」はどこを指すのでしょうか。軍艦かもしれないし、別の基地かもしれないが、ともかくそういう無法状況がずっと続いているわけです。

「帝国」としてのアメリカ

というわけで、積極的な先制攻撃と、強制的な政権交代と、外国人の逮捕・処罰（それも裁判なし、証拠なしの処罰）という三つを合わせて考えると、アメリカ政府が何をしようとしているかよく見えてくると思います。その三つはいずれも、海外への政治的統治を求めることになります。大学一年生が「政治学概論」を二週間続けて聴講すれば分かることですが、政府Aが地域Bに警察でも軍隊でも送ることができ、どの政権を置くかも決められ、そこにいる人たちを逮捕・連行する権利もあるのであれば、政府Aは地域Bの政府ですね。本来、政府の権限は国境の向こうには及ばないというのが常識だったはずですが、今それが根底から覆されようとしているわけです。

ベトナム戦争反対運動の頃、私も含めて多くの人が「アメリカ帝国主義打倒」とかシュプレヒコールを挙げたりして、「アメリカ帝国主義」という言葉を使いました。この時代の「帝国主義」という語法は、ある程度比喩的、メタファーだったわけです。昔のイギリス帝国とまるで同じではないにしても、似たようなことを今度は経済力でやろうとしているのではないかという意味で使っていました。

今、ブッシュ政権のアメリカを「帝国主義」と呼ぶのは間違っています。「主義」ではなく、「帝国」[*25]そのものなのです。比喩的な海外統治ではなくて、本当に露骨な政治的統治を求めているのです。もちろん、アメリカがそのまま世界政府になったわけではありませんが、しかしそのようなことを追求しているように見えます。そしてそれが、かなり実現されているわけです。

かつて、アメリカ政府を批判する人が「帝国主義」という言葉を使うと、アメリカ政府の要人や政治家、あるいは政府寄りの新聞記者・学者・物書きはそれを必ず否定

＊25 **帝国** 「帝国」とは本来、皇帝あるいは強大な権力者が治める多民族国家を意味する。ここでは、そのような歴史的な定義ではなく、アメリカが圧倒的な軍事力を背景に、単独で世界中に影響力を及ぼそうとする支配のあり方を指している。

しました。アメリカは「帝国」でも「帝国主義」でもありません。世界中の主権国家の一つであって、他国の国家主権も尊重すれば、国際法も国連も尊重していますと反論したわけです。

しかし、それが確実に変わった。最初は、何人かの政府寄りの学者が、専門の雑誌に、アメリカはやはり帝国になったと書き始めました。ただしそれは批判的な意味ではなく、肯定的にアメリカは「帝国」としての責任を持たなければいけないとか、「帝国」の管理をきちんと考えないといけないと論じたのです。そうした論調がだんだん増えてきて、今では民主党の大統領候補者のなかでも、「帝国」という言葉を肯定的に使う人が出てきた。教育の場面でも、アメリカが「帝国」だということを国民が認めるような世論づくりが行われています。

ところが、当然なことに、「帝国」は、現在ある国際法の枠内では存在できない。なぜなら、今日の国際関係は、近代国際法の主権平等の原則から、他国の領域内では公権力の行使を差し控えるのを相互に承認したうえで成り立っているからです。国際連合[*26]も、この主権平等の原則に立脚しています。

ということは、アメリカ合州国は、単に国際法を破っているとか、守らないとかではなく、破壊しているわけです。ご存知のように、特に国際法は、昔からの慣習法や文章化された国際条約など、先例の積み重ねです。世界一強大なアメリカがこれこれ

＊26　**国際連合**　一九四五年六月二六日の国連憲章調印を経て、同年一〇月二四日に正式発足した、ニューヨークに本部を置く国際機構。加盟国は、当初は連合国側の五一カ国、二〇〇四年九月現在一九一カ国。日本は、一九五二年に加入申請し、五六年加入を認められた。

のことをやって、誰からも処罰されない、どこからも断罪されない。それもまた、先例になるのです。だから、アメリカは、国際法の新しい枠組をつくっているということになります。前にやって許されたことは、今度またやってもよいわけです。それだけ重大な変化が、今起こっているのです。

「平和」の倒錯

ブッシュ政権の人々は、「アメリカの平和」、Pax Americana とよく言います。わざとラテン語を使うのは、Pax Romana を連想させるからです。「ローマの平和」[*27]、つまり武力を背景としたローマ帝国による支配を肯定的に受け止め、そうした「帝国」の建設が目指されているのです。軍事力を使った弾圧によって、本物の平和ではなくとも、相手が到底戦えない、一見平和なような状況をつくろうというわけです。

このローマ帝国と戦ったブリタニア人の指導者カルガクスは、人々を前に、「もう東方の世界も、西方の世界も、ローマ人を満足させることが出来ないのだ。全人類の中で、やつらだけが、世界の財貨を求めると同じ熱情でもって、世界の窮乏を欲している。彼らは破壊と、殺戮と、略奪を、偽って『支配』と呼び、荒涼たる世界を作りあげた時、それをごまかして『平和』と名づける」と呼びかけたそうです。ローマの歴史家、タキトゥスの最初の作品『アグリコラ』に記されたこの言葉は、ローマ帝国

＊27　第2章＊6（五五頁）参照。

の本質を鋭く衝いていると思います。

カルガクスは、「ローマ人の傲岸不遜から逃げようとして、いくら忍従し下手に振る舞っても、無駄であろう」とも言っていますが、これを現在の日本政府に置き換えて考えてみた場合、バリバリの民族主義者が、どうして別の国である「帝国」を命がけでつくろうとするのか、実に不思議です。冷静に、現実主義的に日本の「国益」を考えるなら、アメリカという「帝国」に奉仕するのか。それは、最終的にはアメリカの「国益」にもならないと思います。テロリズムに対する戦争は、多分失敗に終わるからです。どの勢力も敗北を喫し、どこの「国益」にもならないような戦争には、かかわらない方が賢いと思います。

想像力の乏しさ

これほど危機的な状況にありながら、なぜ激しい議論が起こらないのかという謎がありますね。現実逃避というのも、その一因でしょう。たとえば、ある政治家が何か小さな犯罪を犯すと、マスコミも有権者も簡単に怒ります。ある野党の議員が、一九〇〇万円くらいの秘書給与を流用したことに対する憤慨がやけに大きいように見えるのは、その程度の犯罪なら、自分でもやれると想像できるからでしょう。ところが、国家的指導者が、嘘を並べて戦争を始めるとか、国際法の秩序を破壊しようとするといった歴史的な大犯罪を犯した場合、意外にさほど怒りません。私たちの想像力がそこまでついていかないのです。「そんな大それたことなどできるはずがない」と思い込もうとする。

実際、開戦当初から疑われていたイラク戦争の正当性は、この間完全に破綻しているわけです。新聞には毎日のように、ブッシュが嘘をついていたと書かれています。イラクに大量破壊兵器[*28]は存在せず、アルカイダとサダム・フセインも無関係だと知りながら、侵略戦争を始めて、何万人もの人の命を奪っている。ところが、多くの人は、それを真正面から捉えようとせず、チャンネル・チェンジをしてスポーツを見たりしてしまうわけです。小さな犯罪なら怒るのに、大きな犯罪にはあまり怒らないというのは、まさに想像力の問題です。

ネオコンの危険な政策構想

ブッシュとその取り巻きは、アメリカの政策をすっかり変えたわけですが、これは、政権成立以前から構想されていました。特に注目されるのが、「新しいアメリカの世紀のためのプロジェクト」（PNAC）というシンクタンクが提案したプログラムです。PNACには、武力の行使や武力による威嚇を通じてアメリカの世界覇権を達成しようと主張したネオコン[*29]が集まっています。一九九七年にこのシンクタンクの設立

＊28　**大量破壊兵器**　大規模な破壊・殺傷能力を持つ核・生物・化学兵器の総称。

＊29　**ネオコン**　第1章＊27（三六頁）。

趣意書には、現在のディック・チェイニー副大統領[*30]やドナルド・ラムズフェルド国防長官[*31]、ポール・ウォルフォウィッツ国防副長官[*32]らが名を連ねています。

PNACの特に重要な文書は、「アメリカ防衛の再建」(Rebuilding America's Defenses) という報告書です。これは、二〇〇〇年九月、ということはブッシュ政権が誕生する前につくられました。そこには、ソ連が崩壊して、冷戦が終わったからと、アメリカは軍事費を減らすのではない。政治的・軍事的・経済的にアメリカに対抗できるような国家も勢力も同盟もないのだから、軍事費を増額し、海外の米軍基地を増やして、アメリカの利益に合うような世界を積極的につくるチャンスだ。特に東南アジアの米軍基地は足りないし、中東にも米軍の永久的なプレゼンスが必要だ。今(二〇〇〇年現在) サダム・フセイン政権が米軍を中東に置く口実になるが、将来この政権があってもなくても米軍は置きつづけるべきだ、と実にフランクに書いてあります。

湾岸戦争やコソヴォ戦争の頃、これからは、ゲームのような、ミサイルと飛行機の戦争に変わっていくだろうと多くの人が思いました。この報告書によるとそれは間違いでした。アメリカの目的は政権交代ですが、これは空からでは不可能です。やはり陸軍や海兵隊が、敵を追い出し入城しないとできません。だから、これからの戦争は陸軍・海兵隊中心に戻る。また、直接外国を統治するために、治安部隊の訓練も必要になります。

*30 **ディック・チェイニー副大統領** 一九四一年生。フォード政権で史上最年少の大統領首席補佐官。一九九五~二〇〇〇年、国防総省と関係の深い石油関連企業ハリバートン社の最高経営責任者。

*31 **ドナルド・ラムズフェルド国防長官** 一九三二年生。フォード政権で史上最年少の国防長官。レーガン政権期、特使として、イラン・イラク戦争支援のため、サダム・フセイン・イラク大統領と会談。製薬業界などとの関係も深い。

*32 **ポール・ウォルフォウィッツ国防副長官** 一九四三年生。一九八六~八九年、駐インドネシア大使としてスハルト体制を支援。全斗煥(韓国)、マルコス(フィリ

朝鮮半島についても、怖いことが書いてあります。仮に朝鮮半島が統一したとしても、米軍は撤退しない。一つは、中国の「脅威」に対抗する。もう一つは、米軍が北朝鮮に入って、警備の保安隊のような任務を負う。つまり、朝鮮半島の統一、イコール米軍の北朝鮮侵略という計画が当たり前のように語られているのです。

それから、最後の部分に、軍の改革や戦略の改革について、われわれはいろいろ提案したけれど、これは簡単にはできない。政府・議会・国民への説得は、何年もかかる。そういうキャンペーンを続けても、実現できるのはやっと遠い将来の話であろうが、万が一真珠湾攻撃のような刺激的な事件があれば、すぐに可能かもしれない、と書いてある。「九・一一」の攻撃を見事に予測したわけです。事態があまりに都合よく進んだので、アメリカには、「九・一一」が、権力が関与した陰謀だという説があります。あるいは、関与はしていなくとも、真珠湾攻撃と同じように、来ると分かっていて止めようとしなかった、という説もあります。私自身は陰謀説に説得されてはいませんが、それが成り立つくらい好都合な攻撃だったとは思います。私はほとんどテレビを見ませんが、当時テレビで、ブッシュも取り巻きたちも、懸命に悲しげな顔をつくろうとしていたけれど、目が生き生きと輝いていたのを見ました。

ともかく「九・一一」のテロ事件とイラク侵略とは、何の関係もありません。ただ、侵略したいという欲求、政権を交代させて、イラクの地域と石油をわがものにしたい

ピン）の独裁体制も支える。二〇〇五年三月一六日、ブッシュ大統領に次期世界銀行総裁に指名され、三一日、世界銀行理事会で承認された。

という青写真はあったわけです。「九・一一」にアメリカ国民が強いショックを受け、悲しみや怒りから、仕返しをしたいという感情が湧くのはわりあい自然ですが、政府はその感情を自分たちの計画に利用したのです。

アフガニスタンの侵略が終わってからやっぱり北朝鮮とか、ホワイトハウスでは、次はどこを標的にしようかという議論があったと、新聞が報じています。シリアにしようとか、イランがいいとか、リビアはどうかとか、いろいろな意見がブッシュの周りにあったようですが、結局イラクが選ばれた。イラクを攻撃しようとまず決めてから、大量破壊兵器の存在だとかアルカイダとの関係だとか、真っ赤な嘘も含めて、侵略する理由を考え始めたわけです。

核兵器のさらなる拡散の恐れ

アメリカでは、特に「九・一一」以後、「テロリスト」と言ったら、人々の顔色が変わる。日本では「北朝鮮」と言ったら、顔色が変わる。理性が消えて、非常に感情的になります。「北朝鮮は何をやり出すか分からない国だ」という評判が支配的ですね。もちろん、北朝鮮政府には多くの問題があって、美化するつもりはありませんが、結構理性的な外交政策をやっていると思います。だからこそ、一九九八年に韓国大統領に就任した金大中氏が進めた「太陽政策」[*33]（盧武鉉政権もこれを引き継いでいますが）

*33　**太陽政策**　一九九八年二月に発足した韓国の金大中政権が、イソップ物語の「北風と太陽」の寓話のように、融和によって北朝鮮を改革・開放に向かわせるとした政策。二〇〇〇年六月一三～一五日、平壌での歴史的な南北首脳会談に導いた。二〇〇三年二月に発足した盧武鉉政権は、「太陽政策」と同じ内容の「平和繁栄政策」をとっている。

が、一時期うまく行っていた。少しずつ南北交流が広がって、期待が膨らみました。

ところが、北朝鮮が突然何かしでかしたのではなく、アメリカのブッシュ大統領が、二〇〇二年一月の一般教書演説で、北朝鮮をイラン・イラクとともに「悪の枢軸」[*34]だと非難したのです。北朝鮮から見れば、世界最大の軍事力を持っている国が、自分たちを「悪」とみなして、先制攻撃をするかもしれないと報じられている。いつ侵略されるか分からない状況で、「自分たちは核を持っている」と、核の抑止力に頼ろうとするのは、決して好ましくはありませんが、今日の外交では普通に行われています。日本だって、核の傘[*35]の下に入って、同じ論理を使っている。フランスも、イギリスも、インドも、パキスタンも、核実験[*36]で使っている。それに対して、北朝鮮は「使う」と言ったのではなく、「持っている」と言っただけです。そうすると、アメリカ政府は、先制攻撃の話を引っ込めて、交渉する姿勢を見せている。

しかし、注目しなければならないのは、もしアメリカが世界中の核兵器を減らすのを目標としているのであれば、自分たちの行動が、逆の結果をもたらしているということです。世界の小国は、大量破壊兵器を持っていなかったイラクの敗北から学習して、やはり核兵器を持った方が、国家の安全に役立つと考えていると思います。

優勢な軍事力と技術力で、二一世紀におけるアメリカの世界覇権を確立する。世界規模の、あるいは地域的な競争力を持つ大国の出現は阻止する。そして、アメリカの

＊34　**悪の枢軸**　ブッシュ大統領が、二〇〇二年一月二九日の一般教書演説で、イラク、イラン、北朝鮮の三国を、最も脅威となる国家群として非難した表現。アメリカはそれ以前にも、テロ支援国家を「ならず者国家」と断罪していた。「枢軸」の語は、軍国日本、ナチス・ドイツ、ファシスト・イタリアの提携関係を想起させる。

＊35　**核の傘**　潜在的敵国に対し、もし攻撃すれば、核兵器による反撃がありうることを示すことで、攻撃を未然に防ごうという核抑止論に立脚し、核抑止による保護を、自国のみならず、同盟国も含めること。

＊36　**核実験**　一九六八年七月に署名された核不拡散条約（NPT）は、

利益と安定への「脅威」とみなされるものには、先制攻撃を発動する。このネオコンたちの計画と行動は、明らかに、アメリカだけでなく世界全体を恐ろしい方向に導こうとしているわけです。

「報復戦争」の不当性

イラク戦争はともかく、「九・一一」をきっかけとした対アフガニスタン戦争には納得できる部分もあるのではないかという質問ですが、まず私は、九月一一日に世界が変わったのではなく、九月一二日だと思うのです。日付が間違っています。テロ攻撃は今までにもありましたが、テロに対して戦争するのは初めてです。たしかにテロの規模としては、「九・一一」は最大ですが、一九九五年四月には、アメリカ中西部のオクラホマ市で、連邦政府の役所が入っているビルが爆破され、一六〇人以上亡くなり、何百人も負傷しました。でも、それで連邦政府が、テキサス州に対し戦争したわけではありません。皮肉はともかく、テロに対して、能率が悪く面倒でも、犯罪として扱ったということです。警察が捜査して、犯人が見つからないかもしれないし、見つかっても物証がないかもしれない。また、裁判で無罪になってしまい、イライラさせられるかもしれない。復讐したという満足感があまり得られない。

それでも、大きな利点が一つあって、それは、警察権を行使している間、法の精神、

核兵器保有国を米ソ（ロ）英仏中の五カ国に限定し、それ以外の国による核兵器の受領や製造を禁止した。しかし、条約に義務づけられた核軍縮を核保有国がサボタージュしていることから、インド・パキスタンの核実験競争を招いた。また、一九九八年五月には、アメリカとロシアは、核爆発に至らない未臨界実験を繰り返している。

法の構造が崩れないことです。崩れないどころか強くなる。法を守ると宣言し続ければ、法の生命が強くなるのです。

「九・一一」後、ブッシュ大統領は、すぐにテロに対して戦争すると言いました。それは、能率がよいように見える。早く動け、瞬く間に敵をたくさん殺せる。証拠や裁判なしに、容疑者段階で殺せる。このように能率がよいように思えるのだけれど、法が破壊されてしまう。これは、最終的には非常に能率が悪いことになるのです。

アフガニスタン戦争で、象徴的なことが毎日のように報道されていました。それは、今日米軍は何人のテロ容疑者を殺したということです。容疑者を殺している。犯罪の場合、容疑者の段階で殺してはいけないのです。有罪判決が出ない限り、処罰してはならないのです。通常の戦争の場合、相手が軍服を着ているか、あるいは軍事行動をしているのであれば、殺すことは許されます。ところが、テロに対する戦争となると、あいつはテロリストらしいという理由で殺しても構わないということになってしまいます。

新聞に、アフガニスタンで、アメリカのＣＩＡ[*37]がテロリストらしい人物を見つけて、ミサイルで殺したと書いてありました。その記事で初めて、ＣＩＡがミサイルを積んでいる飛行機を持っているのを知りました。なぜテロリストだと思ったかのかという と、男たちが立ち話をしていて、真んなかに背の高い人がいる。アルカイダ本部の人

＊37　ＣＩＡ　中央情報局の略称。一九四七年国家安全保障法に基づき設置。予算や人員は非公開。海外での情報収集活動だけでなく、対米協力者の育成、敵対的政府の転覆、暗殺にもかかわっている。

たちは背の高い人が多く、特にオサマ・ビンラーディンは背が高い。周りの人々は、背の高い人を尊敬しているような身振りだ。そこで、パイロットが乗っていない飛行機からミサイルを発射して、全員殺した。ところが、後で調べると、残念ながら皆農民でした。普通の戦争では、そんなことはできません。テロという犯罪に対して戦争するのは、まず無茶です。

もう一つ、アフガニスタンへの攻撃が始まった時、少なくともアメリカの新聞は、なぜこの戦争をしているのか読者が忘れないように、連日書きたてました。タリバン政権が、オサマ・ビンラーディンというテロ容疑者を引き渡すのを断ったからだという話です。しかし、これは嘘です。戦争状態では新聞もおかしくなるので、注意して読まないと危ないです。

新聞を読む技術とは、今日の新聞を読む時、昨日の新聞に何が書いてあったか忘れないことです。あるいは、先週何が書いてあったか忘れない。アメリカの攻撃が始まる前、一日おきくらいに、タリバン政権のパキスタン駐在大使は、「証拠を見せない限り、引き渡しません。まず証拠を見せてください。証拠を見せてくれれば、いくつかの選択肢がある。イスラム政権のある第三国に引き渡し、そこで裁判を行うとか、アフガニスタン国内で裁判を行うとかも考えられるけれど、まずは交渉次第だ」と繰り返し述べていたんです。引き渡しを断っていないんです。国際関係の常識の範囲内で動いていたのです。お前の国に犯人がいるから引き渡せと言われたら、証拠は何か問い質すのは当然です。

ところが、ブッシュ大統領はタリバン政権と交渉するのを拒否した。証拠を見せる必要もないと言った。交渉しないで侵略するのは、これまた国連憲章違反です。国連憲章は、二条三項で、加盟国に国際紛争を平和的手段によって解決しなければならないという一般的な義務を課しているのですから、交渉自体を断るというのは憲章に反しているんです。

なぜ証拠を見せなかったかというと、多分理由は簡単でしょう。何の証拠もなかったからです。推測しかなかった。推測は当たっているかもしれないが、証拠は何もない。とにかく、犯罪容疑者を渡さないことが、侵略を正当化する根拠にはなりません。もしなるのであれば、ペルーは日本国を侵略してもよいことになります。

ペルーの人たちから見れば、アルベルト・フジモリ[*38]はオサマ・ビンラーディンに負けない大量殺人犯です。でも、日本政府は渡さない。ならば、ペルーは東京を空襲してもいいのか。

繰り返し述べると、テロに対して戦争するというのは、法を無茶苦茶にしてしまうことなのです。タリバン政権は容疑者を渡さないと言っていなかったし、仮に引き渡しを拒んだとしても、侵略する根拠にはならないのです。

＊38　**アルベルト・フジモリ**　一九三八年生。一九九〇年、無名の農業経済学者ながら、中産階級や貧しい先住民の支持を受けてペルー大統領に当選。一九九二年、議会を解散し憲法を停止する強権を発動。二〇〇〇年、連続三選を禁じた憲法にもかかわらず立候補し、不正選挙を展開。同年一一月、国会から罷免された後、公金横領や人権侵害の疑惑が噴出した。二〇〇三年三月、国際刑事警察機構は、日本滞在中のフジモリを誘拐、暴行、殺人などの容疑で国際手配、同年七月、ペルー政府は日本政府に彼の身柄引き渡しを正式に請求した。

ブッシュの支持勢力と一般世論

次に、ネオコンが台頭しているなかでのアメリカ民主主義の現状についてですが、ご存知のとおり、今のブッシュ大統領は選挙に勝って政権に就いたわけではないです。二〇〇〇年の大統領選挙で、ブッシュは、民主党のゴア候補より、一般投票の得票数で二五万票くらい少なかった。しかも、ブッシュ候補の実の弟が知事をやっているフロリダ州で、重大な投票不正疑惑があったため、法廷闘争にまでなったわけですが、連邦最高裁は、フロリダ州最高裁の決定を受けて始まった手作業による票の数え直しを中止するよう命じたのです。連邦最高裁の肩入れのおかげで、ブッシュは当選したのですが、その中心人物は、ネオコンの一人、アントニン・スカリア判事[*39]です。ブッシュが大統領になって、彼の指名で、スカリアの息子は、労働省の首席法務官という要職に就けてもらいました。

ともかく、ブッシュは選挙に負けて政権を取った。しかも、選挙期間中、外交政策はほとんど議論されず、「帝国」をつくるとか、イラクを侵略するといった公約ももちろんありませんでした。むしろ、選挙の争点は、経済などのテーマでした。

とは言え、ブッシュ政権を生み出したネオコンは、相当な勢力です。なぜこれほど強くなったのか、それには幾つか理由があります。一つは、キリスト教原理主義[*40]です。アメリカを外から見ると、東海岸にも西海岸にもビルが林立していて、とても世俗的

＊39　**アントニン・スカリア判事**　一九三六年生。一九八六年、父親のブッシュ大統領の指名で、連邦最高裁判事に就任。チェイニー副大統領と長年の友人。

＊40　**キリスト教原理主義**　聖書の権威を絶対視するキリスト教最右翼。進化論を拒否し、妊娠中絶や同性愛を排撃、人種差別主義的で、愛国主義や伝統的家族観を訴える。

に見えますが、中部は全く違います。原理主義（fundamentalism）という言葉は、もともと、アメリカの極端なキリスト教信者の思想・運動を意味していました。つまり、とりわけ南部で、聖書を文字どおりに受け止め、天地創造とか、奇跡、処女懐胎、キリストの復活を信じるのが、本来の原理主義です。言葉のうえでは、「イスラム原理主義」はその延長線上にあるわけで、そもそも原理主義というのは、アメリカのキリスト教から生まれたのです。

ブッシュ自身も、キリスト教原理主義者の一人です。以前、南部のキリスト教原理主義者は、カトリックやユダヤ教徒との協力を拒否し、黒人を差別したため、自分たちの地域を越えて大きな政治勢力に成長することができなかったのですが、最近は様子が随分変わりました。今のネオコンには、キリスト教原理主義者のほか、イスラエル*41を絶対的に支持するユダヤ人右翼、世俗的な現実主義者など、思想的には本来相容れないはずの勢力が同居して手を組んでいます。それで、とても強力になったのです。

ブッシュは愚かな人間のように見えますが、結構うまいところがあります。彼はキリスト教原理主義者なわけですが、演説の時、暗号のような言葉を使って、原理主義者を満足させる一方、世俗的な現実主義者にも嫌われない言い方をするのです。たとえば、先ほど触れた一般教書演説ですが、彼は「悪の枢軸（axis of evil）」と言いましたね。evil という単語を使ったわけですが、本来宗教用語である evil は、ただの

*41 **イスラエル** 一九四八年五月一四日、ユダヤ人国家として独立宣言。この時多くのパレスティナ人が脱出して難民となった。イスラエルは、一九六七年六月の第三次中東戦争で占領した地域に、入植地の建設を進めた。一九九三年九月、パ

「悪」も意味するので、双方満足できる。普通に聞けば「とても悪いこと」ですし、原理主義者が聞けば「悪魔」になるわけです。

ブッシュを支持する勢力は、他にもちろん企業があります。特に軍需関連や石油関連の企業です。彼らは父親とのコネはあるし、莫大な儲けが入るしで、ブッシュ大統領は、「九・一一」後、また、アフガニスタン戦争やイラク戦争の開始後、大変な人気を得ました。ところで、その人気ですが、世論調査自体にも問題があります。つまり、「この戦争はいい戦争ですか」とは聞かずに、「この戦争を支持しますか」と聞く。すると人々は、アメリカを支持するのか、敵を支持するのか、どちらなのかと問われているような気になるのです。戦争をやってほしいとは思っていなくても、敵を支持することはまずありません。「支持しない」とは言えない。隣のお兄さんも出征しているし、殺されてよいとは言えないから、戦争をした以上勝ってほしい。だから、それは政策を支持することとは次元の異なる話なのです。

ネオコンによるアメリカ支配の度合い

それから、二〇〇四年選挙の展望ですが、ブッシュ落選の可能性もあるかもしれません。彼が二〇〇三年五月一日（現地時間）、空母艦載機で空母「エイブラハム・リンカーン」に降り立ってイラク戦争の終結を宣言して以降、数ヶ月の間にアメリカの

レスティナ暫定自治協定が調印されたが、一方の当事者であったイツハク・ラビン首相は、一九九五年一一月、狂信的な右翼青年に暗殺された。二〇〇〇年九月、現在首相のアリエル・シャロンが、エルサレムのイスラム聖地に足を踏み入れたことから、激しい対立が再燃した。

政治的雰囲気は、驚くほど速いペースで変わっています。一時期は、政治家が戦争への反対を言い出しにくい状況でした。

「九・一一」から三日後、アメリカ連邦議会はブッシュ大統領に報復戦争の「必要で適切なあらゆる軍事力」を行使する権限を与える決議を採択しました。上院は全会一致、下院は四二〇対一でした。たった一人反対票を投じた民主党のバーバラ・リー議員[*42]は日本でも有名になりましたが、彼女以外は誰も「反対」とは言えなかったのです。

今、民主党の大統領候補者争いのなかで、かつてブッシュに賛成した人が弁明調になっています。なぜ賛成票を投じたか、説明しなければならない。最初から反対していた政治家の方が有利になっている。それほどの変化が起こっているのです。

毎日のように新聞では、イラクに大量破壊兵器がなかった。なぜブッシュは嘘をついたのかと報道されています。しかも、イラクで米軍側の死者はどんどん増えています。ブッシュの芝居がかった戦闘終結宣言以降の方が、戦争中よりも多くの死者を出しているのです。だから、実質的には戦争は終わっていないということで、米軍内部で不満が高まっていますし、もちろん家族もいらだっています。

アメリカの大統領選挙では、有権者の投票数は決定的な意味を持ちません。実際の勝敗を決めるのは、州ごとの「大統領選挙人」の獲得数であって、要するに間接選挙

*42 **バーバラ・リー議員**　一九四六年生。カリフォルニア州選出の民主党下院議員。

なわけです。そこで、各州の政治的雰囲気ですが、やはり南部が重要になります。ブッシュはテキサス州で南西部、ブッシュの父親もテキサス、クリントンもアーカンソー州で南部、カーターもジョージア州で南部。南部しか大統領を出さない時代になりましたね。候補者の多くも南部出身ですね。昔は全部ニュー・イングランドばかりだったのですが、その次は、ニクソンやレーガンのようにカリフォルニア州ばかりですね。長い間、南部の白人は民主党支持でした。歴史的に言って、民主党は、北部のリベラルと南部の差別主義者の連合でした。抜本的な変化があって、南部の白人は共和党に変えた。民主党は、今度の選挙でも、南部の票をほとんど取れないのではないかと心配されています。

逆に言えば、ネオコンがアメリカをかなり支配しているとは言っても、それは全部ではないし、アメリカは地域によって全く別の政治文化があります。ニューヨークやサンフランシスコでは、様子が随分違います。

北朝鮮にどう対するか

日本の小泉政権は、アメリカのブッシュ政権に無批判に追随しているわけですが、それを正当化しているのが「北朝鮮問題」ですね。先ほど述べたように、私は、韓国の「太陽政策」を評価しています。

日本政府がまず抑えるべきは、アメリカです。侵略してはいけない、何があってでも先制攻撃は許さないとはっきりものを言い、その攻撃に日本の米軍基地は使ってはいけないなど、ありとあらゆる手段で戦争を止めるべきだと思います。これは平和主義ではなく現実主義です。

多くの人が暴力によって殺されそうな、おそらく一番危険なシナリオは、アメリカが北朝鮮を侵略し、北朝鮮が当然反撃して、横田基地や嘉手納基地にミサイル攻撃することでしょう。国連憲章は、五一条で自衛権を認めているわけですから、北朝鮮の反撃は合法です。

北朝鮮は、先制攻撃をやると宣言していないし、もしやったら、とんでもない仕返しをされるので、そんな愚かなことをやるとは誰も思っていません。先制攻撃の可能性をほのめかしているのは、アメリカです。本当にやるかも知れない。だから日本政府は、それをまず止めて、韓国と一緒に太陽政策を進めるのがよいと思います。別に北朝鮮の政権を甘やかす必要はなくて、厳しい態度をとっていいのだけれど、いろいろな交流など、戦争の可能性を低めることが重要です。

軍事力

軍事力一般についてですが、私は全く持たない方がよいと考えます。というのは、それが一番現実主義的だからです。特に日本については、そうです。残念ながら、今それを詳しく述べる時間はないのですが、仮に、軍事力が強ければ国民は安全だという考え方に立った場合、日本の歴史を振り返ってみると、軍事力が一番強かった時代はいつでしょう。そして日本国民が暴力によって一番殺された時はいつでしょう。同じ時ですね。軍事力が一番あった時が、一番危なかったわけです。これは想像ではなく、歴史の記録です。

マスコミと国民

最後に、今アメリカでマスコミが非常に悪い役割を果たしているのではないかというご指摘ですが、第二次世界大戦の日本やドイツのマスコミの状況とは、事情がかなり違うと思います。第二次世界大戦の頃、日本国民が全く知らなかった事実が、おそらくたくさんあったと思います。調べようと思っても、手に入らなかった情報がいろいろありました。マスコミが完全に統制され、言論の自由がなかったわけですね。

そういう状況は、今のアメリカにも日本にもありません。言論の自由はあるし、情報は流れているわけです。ただ、こういう謎があります。イラク侵略の時、アメリカの世論調査で、サダム・フセインが「九・一一」の攻撃を直接計画したと信じている人が三～四割いたんです。その種の調査は、今でもあります。政府はそんなことは言っていないし、新聞もそんなことは書いていません。サダム・フセインは「九・一一」と関係ないという情報も公開されている。それにもかかわらず、何だか妙な雰囲気が起こって、そんなことを信じている人たちが出ている。

つまり、言論の自由があるとしても、いったい自分がどのような状況にいるのか分からない人たちがたくさんいるということです。それは多分、議論がないこととも関係しているでしょう。新聞を読んでも、黙っているだけで話し合わないんですよね。政治や戦争について議論するのは、格好悪いのか、恥ずかしいのか、それとも古くさいと思うのか、よく分かりませんが、とにかく皆避けたがります。

また、テレビの問題もあるでしょう。それは、テレビの情報が偏っているということとは別の、テレビそのものが持つ弊害です。今の世代は、いわばゼロ歳からテレビを見続けて大人になっているわけですね。それで、知識としては区別があると一応分かっているつもりでも、感覚的にニュース番組とワイドショーと映画との違いに気づかない人が多いと思います。ニュースがつまらないと、CMを見たり、スポーツを見たりするでしょう。チャンネル・チェンジによって、とにかく何か出てくるので、現実とフィクションの区別がつかず、全部ヴァーチャル感覚で本当の現実感のない人が増えているのだと思います。そのことも、議論しないということと関係があるでしょう。

軍隊を逆手にとって

最後に、大阪大学に自衛隊や海兵隊関係者が出入りしているという話に関連してですが、私は沖縄に住んでいるので、米軍と隣り合わせで生活しています。米軍がいることを歓迎はしていませんが、米軍の存在を一つのチャンスだと考えて、何種類かの米軍向けのビラをつくって配っています。沖縄に来るのなら、私のビラを読まなければならないような状況をつくりたいと思います。

大阪大学でも、同じことができるのではないでしょうか。ビラなら一人でも数人でもできますし、結構楽しいのではないかと思います。阪大に来た軍人に、「これ読んでみてください」と。たとえば、「何のためにイラクに行くのですか」とか、「殺されるために行くという説がありますが、どう思いますか」とか、書き方はいろいろあるでしょう。私が米軍に配っているビラをお見せしますので、どうぞ参考にして下さい

(一四四〜一四五頁参照)。

WORDS FROM THE FRONTLINES

"If you asked the soldiers, they'd be ready to go home . . . They're torn up over throwing old ladies and kids out [of their houses]."
Maj. Brian Pearl, 101st Airborne

"I think our welcome's worn out. We don't even get that fake wave anymore. They just stare." Lt. Tom Garner, 4th Infantry Division.

"You are fighting a group that is in their home. If it was me and someone was to come into my home, I'd be throwing some lead downrange." Sgt. Joseph Denny, 2nd Battalion, 502nd Infantry Regiment.

"We're more angry at the generals who are making these decisions and who never hit the ground, and who don't get shot at or have to look at the bloody bodies and the burnt – out bodies and the dead babies and all that kinda stuff." Spc. Anthony Costello, 3rd Infantry Division.

"The way we have been treated and the continuous lies told to our families back home has devastated us all". Anonymous soldier in a letter to the US Congress.

"There is no real reason for us to be out here!! We're protecting oil is all, and as far as the supposed war ending, it hasn't." Pfc. Mary Yahne, 4th Infantry Division.

"If Donald Rumsfeld was here, I'd ask him for his resignation." Spc. Clinton Deitz, 3rd Infantry Division.

For more, read *Traveling Soldier*: http://www.traveling–soldier .org
e–mail: contact@traveling–soldier.org

If you can no longer in good conscience participate in these meaningless wars, want information about early discharge or other GI rights, call GI RIGHTS, +1–800–394–9544/+1–215–563–4620. The opinions expressed in this leaflet are not necessarily those of the GI RIGHTS HOTLINE. The HOTLINE contact is offered as a resource for GIs.

前線からの言葉

「兵士に尋ねれば、彼らはもう帰りたいと言うだろうよー（中略）ーおばあさんや子どもを家から追い出したりすることにはうんざりなんだ」ブライアン・パール少佐　第１０１落下傘兵師団

「もう歓迎されていないと思うね。手を振るふりすらされなくなったよ。俺たちはただじろじろ見られるだけだ。」トム・ガーナ中尉　第４陸軍師団

「自分の家にいる人たちと戦っているんだよ。俺だって、誰かが俺の家に入って来ようもんなら、撃つだろうよ。」ジョセフ　デニー軍曹　第５０３陸軍連隊

「俺たちはむしろ、こういう決定をしている大将たちに怒っている。あの人たちは地上に降りてこないし、撃たれることもない、血だらけの死体や焼かれた死体、死んだ赤ちゃん、そういうもの全部見なくてもいいんだ。」アンソニー・コステロ特技下士官　第３陸軍師団

「私たちの扱われ方と、故郷にいる家族に対して繰り返される嘘に、私たちはみな呆れ果てています。」匿名兵士による米国会への手紙

「私たちがここにいる大義名分などない！私たちは石油を守っているだけだし、いわゆる終戦は、実現されていない。」メアリー・ヤーネ上等兵　第４陸軍師団

「もし、ドナルド・ラムスフェルドがここにいれば、俺は辞任を要求するね。」クリントン・ディッツ特技下士官　第３陸軍師団

もっと知りたい方は、*Traveling Soldier* を読んで下さい。

http://www.traveling–soldier.org

e–mail: contact@traveling–soldier.org

良心に顧みてこの石油戦争に参加できないと決めた人、または初期除隊その他 GI の人権について相談したい人は、この電話番号へどうぞ。

GI　Rights : +1-800-394-９544　/　+1-510-465-1617

第 4 章

希望の原理としての日本国憲法

土《ど》井《い》たか子《こ》・小《お》田《だ》　実《まこと》

1928年、神戸生まれ。同志社大学大学院修了。同大学・関西学院大学で日本国憲法の講義を持つ。1969年日本社会党から立候補、衆議院議員に初当選。以来、当選12回。社会党中央執行委員長（1986年－1991年）、第68代衆議院議長（1993年－1996年）、社民党党首（1996年－2003年）を歴任。議員活動として公害問題や外交問題で活躍。アジア人権基金代表。著書に『「国籍」を考える』（時事通信社、1984年）、『土井たか子憲法講義　人間が人間らしく生きていくために』（リヨン社、1988年）、『山の動く日　土井たか子政論集』（すずさわ書店、1989年）、『せいいっぱい土井たか子半自伝』（朝日新聞社、1993年）などがある。

＊小田実氏の紹介は、第1章中扉を参照。

「憲法は今でも旬」？

小田　私は、二〇〇三年度から、この大阪大学大学院国際公共政策研究科で、「現代政策論」の講義を担当しているのですが、そこで強調しているのは、政府の考えと異なる発想を持てということです。

私が直接かかわった阪神淡路大震災では、震災後、市が「公共性」[*1]の名において、お手盛りの決定を勝手に押しつけてくる実態をつぶさに目撃しました。「都市復興委員会」なるものに「有識者」なる連中を勝手に選び、肝腎の被災者の声は排除して、勝手放題な都市計画を押しつけてくる。これは、「公共性」という名の政治的暴力に他なりません。

今でも、「公共」とか「安全」の名を借りて、暴力的な政策が横行しています。しかし、そもそも「公共」とは、政府と同義ではありません。そして、政府の構想に対する賛成・反対は別として、政府が出してくるものだけが、「政策」ではありません。それぞれに責任ある立場で、政策を出し合う。「お上」が押しつけるものだけが、議論の対象であるはずもありません。そこで、政府の言うことだけが政策ではないという立場で、いろいろ考えていこうというわけです。

民主主義政治の基本は市民です。その市民の意思をどう実現するか。特に、国家が当然のごとく推し進めている原理とは別の原理でそれを考えることが重要です。

*1 **公共性**　本来は「公」と「私」の間の媒介領域。上からの近代化が進められた日本では、「官」によって「公共性」を独占され、市民的共同性の感覚が未成熟な点に問題がある。

土井　私は、小田さんと同じく西宮市に住んでいます。二〇〇四年四月末に西宮での憲法集会でご一緒させていただいたのですが、そこに「憲法は今でも旬」という横断幕をつくっていました。ところが、小田さんから「これはおかしい」と指摘されたのです。「今でも旬」という表現は、「この憲法は古くなったけれど、まだなんとか使える」という意味合いではないか。世界のあちこちで殺し合いや戦争が続いている現実を見れば、問題解決の唯一の手段は、武力・暴力を使わないこと、平和主義だと分かる。力ずくでやっていけると思っているのは、アメリカのブッシュ大統領やその取り巻きのネオコンくらいのものだ。この現実認識に立てば、「憲法は今こそ旬」という表現に書き換えるべきだと。

おっしゃるとおり、戦争を行い、軍事力で主張を押しとおすやり方では、問題は解決しないということが、この一年余りではっきりしました。「九・一一」事件後、「テロ撲滅」という名前のもとに戦争をしましたが、結局成功していない。やはり平和的手段でなければ、根本的な問題解決はできないわけですね。

小田　二〇〇四年六月一〇日に、「九条の会」[*2]を結成しました。発起人は年齢順に、三木睦子さん（三木武夫元首相のご夫人ですね）、加藤周一さん、鶴見俊輔さん、梅原猛さん、奥平康弘さん、澤地久枝さん、私、井上ひさしさん、そして大江健三郎さん

＊2　**九条の会**　「九条の会」の公式サイトは http://www.9-jo.jp/

の九人です。平均年齢七六歳によるキャッチフレーズは、「憲法九条、いまこそ旬」です。私たちの意見は、この表題の岩波ブックレット[*3]に載っていますし、京都のかもがわ出版からも、「九条の会」のメンバーによる自薦集[*4]が出ることになっています。

「九条の会」のアピールにもぜひ目をとおしていただきたいのですが、暴力で紛争を解決しようとすることが非現実的なのは、もうはっきりしています。「憲法九条に基づき、アジアをはじめとする諸国民との友好と協力関係を発展させ、アメリカとの軍事同盟だけを優先する外交を転換し、世界の歴史の流れに、自主性を発揮して現実的にかかわっていくこと」こそ、緊急の課題です。やはり、日本国憲法九条は、「いまこそ旬」なのです。

土井　私は、「憲法は今でも旬」というキャッチフレーズに、実はこだわりを持っていました。このフレーズには憲法はもう古い、時代に合わなくなったから改憲だという人たちを見返す気持がこめられているのです。小田さんから指摘をされて思ったのですが、日本が降伏した一九四五年の後に生まれた人は、憲法に対する見方も、戦前の人と異なる。高度成長の中で平和憲法について考えてきた人は、戦前・戦中の人と思い入れが違う。団塊の世代以降になると、憲法に対する姿勢がどっちつかずの人が増える傾向にあります。ずっと「護憲[*5]」を主張している私などは、そうした人たちか

＊3　井上ひさし、梅原猛、大江健三郎、奥平康弘、小田実、加藤周一、澤地久枝、鶴見俊輔、三木睦子『憲法九条、いまこそ旬』（岩波ブックレット、二〇〇四年）。

＊4　小森陽一編『平和が生きるとき　自薦集パートI』（かもがわ出版、二〇〇四年）。

＊5　**護憲**　主権在民、基本的人権、平和主義という日本国憲法の根本原理を守り、発展させようとする立場。

ら「化石」呼ばわりされています。

私たちは、選挙で愚直に憲法問題を訴えています。「憲法を取り上げても票にならないから、テーマを変えたらどうか」とよく言われるのですが、そういうわけにはいきません。この間、日本国憲法をめぐる状況は、本当に深刻になりました。

他方で、政治不信も深刻です。二〇〇三年一一月の衆議院議員選挙の投票率は、五九・八六パーセントで史上二番目、二〇〇四年七月の参議院議員選挙では、五六・五七パーセントで、戦後四番目の低さでした。「どの政党も似たり寄ったりだ」と言う人がいますが、本当にそうでしょうか。今やイラクの戦争に参加し多国籍軍に入るという、日本国憲法の原則に立てば考えられないことが、どんどん既成事実化されている状況で、それを推進したり黙認したりする政党と、はっきりと反対する政党では大違いなはずです。

憲法についても、自民党は「改憲」、公明党は「加憲」、野党第一党の民主党は「創憲」と、いずれにしても憲法を変えようとしているわけですね。[*6]「憲法は時代に合わなくなった」などと頻りに言う人がいますが、憲法を変えて、日本をアメリカとともに戦争を行える国にすることが、日本と近隣諸国にとって望ましいとは、とても思えません。

＊6　水島朝穂編著『改憲論を診る』（法律文化社、二〇〇五年）参照。

アメリカの「復元力」?

小田　私は『毎日新聞』の東京地方欄に、月に一度「西雷東騒」というコラムを書いているのですが、そこに「ベトナムとの「ホーム・ステイ」の交流　そこで判ったこと、考えたこと」という一文を寄稿しました（二〇〇四年一〇月二六日付)。そこで、「友好の村」という施設のことに言及しているのですが、これは、ベトナム戦争で米軍が散布した枯葉剤[*7]の被害を受けた親から、重度の障害を持って生まれてきた子どもたちの施設です。戦争の傷跡は、今なお実に生々しいものです。枯葉剤の被害は、既に三世代にわたって拡大していて、障害児の数は、ベトナム全体で五〇万人にもなるそうですが、アメリカは今でも、枯葉剤散布に関する責任を全然認めていません。

土井　ベトナム戦争[*8]当時、一九六八年までアメリカの国防長官だったロバート・マクナマラ[*9]は、回顧録のなかで、アメリカがベトナムで大失敗を犯した一一の理由を挙げています[*10]。列挙してみますと、

①相手方の地政学的意図の判断を誤り、彼らの行動がアメリカに及ぼす危険を過大評価した

②南ベトナム国内の政治勢力への判断を誤った

*7　**枯葉剤**　ベトナム戦争で、米軍がゲリラの隠れ家と食糧源を破壊する目的で大量に散布した除草剤。密林の生態系を破壊し、多くの癌患者や奇形児を生み出した。

*8　**ベトナム戦争**　一九五四年三～五月、ディエンビエンフーの戦いで敗退したフランスに代わり、アメリカが、ベトナムを共産主義からの軍事的脅威の最前線と見なして介入、南ベトナムのゴ・ディン・ジェム反共軍事政権を支援した。一九六〇年一二月、アメリカ・ゴ政権に対し、南ベトナム解放民族戦線が結成された。アメリカは、ケネディ政権が特殊部隊を派遣、ジョンソン政権が北爆を開始し、最大時五四万人を南ベトナムに派兵した。一九六八年一

③ベトナム人のナショナリズムの力を過小評価した
④ベトナムの歴史・文化・政治についてあまりにも無知だった
⑤異なる文化を持つ人々の抵抗に対峙して、自分たちの軍事技術・兵力・軍事思想がそもそも持つ限界を認識していなかった
⑥東南アジアへの大規模な軍事介入を始める前に、議会や国民の議論を喚起しなかった
⑦状況を国民に十分説明しなかったため、国民の団結維持に失敗した
⑧あらゆる国家を自分たちの好みで作り上げていけるかのような力量への錯覚を抱いていた
⑨国際社会が十分に支持する多国籍軍と合同で軍事行動を行う原則を守らなかった
⑩国際問題で、すぐに解決できない問題もあることを認めなかった
⑪複雑な政治・軍事問題に効果的に対処できるように、行政府のトップクラスを組織しなかった

という一一項目です。ところが、枯葉剤を撒いてあれだけ悲惨な事態を引き起こしたことへの反省は見られないわけですね。日本でも評判になった「フォッグ・オブ・ウォー」[*11]という映画でも、それは同じです。

～二月の南ベトナム全土における解放勢力の一斉攻勢や、世界的なベトナム反戦運動の前に、同年一〇月に北爆全面停止を宣言、翌年から撤兵を始めた。アメリカの後ろ盾を失った南ベトナム軍は崩壊、一九七五年四月三〇日、解放勢力が最終的に勝利した。ベトナム国民の死者は約二〇〇万人、米軍は五万八〇〇〇人。

＊9 **ロバート・マクナマラ**　一九一六年生。フォード自動車の社長に就任した直後、ケネディ大統領の要請で国防長官に就任。全面核戦争から限定核戦争、通常兵力による局地戦争など、予想されるすべての戦争に対処することを考え、「柔軟反応戦略」を考案。

＊10 『マクナマラ回顧録　ベトナムの悲劇と教

小田　しかも、現在のブッシュ政権による対イラク攻撃は、まさにこの一一項目にそっくり当てはまりますね。あれほど声高に主張していた大量破壊兵器の存在にしても、今や国務長官でさえ「嘘だった」と認めている。しかし、嘘と認めながら、何も実行しないのが、米国です。いったい、どうすればよいのか。一つの提案ですが、要するに、われわれはわれわれの道を行くということだと思うのです。アメリカは、イラクだけでなく、今後北朝鮮やイランを攻撃するかもしれない。そのアメリカの暴走に、日本は巻き込まれるべきではない。

ところで、アメリカは復元力を持っているともしばしば言われます。在米四〇年以上になる芥川賞作家の米谷ふみ子さんが、最近のアメリカ事情について面白い本を書いています。[*12] 米谷さんの夫は、ユダヤ系の作家です。民主政治と自由主義があると思って、米国に行ったのに、当てが外れたという。お子さんは重度の知的障害者。こうした状況下で獲得した彼女のアメリカ認識が、ユーモアを交えて明晰に綴られています。

米谷さんは、「悪貨が良貨を駆逐」した二〇〇〇年の大統領選挙以降のアメリカの政治社会に憤っています。傍若無人な単独行動主義の背景には、「世界中からアメリカが嫌われているということはアメリカ人の中でも外国に住むか、外国人と結婚していない限り分かっていない」状況があると指摘しています。「テロ撲滅」を口実とし、

訓』（共同通信社、一九九七年）。

＊11　フォッグ・オブ・ウォー　ベトナム戦争やキューバ危機など、マクナマラ元国防長官に政策決定の裏側を長時間インタビューした映画。二〇〇三年アカデミー賞最優秀長編ドキュメンタリー賞を受賞。

＊12　米谷ふみ子『なんもかもわやですわ、アメリカはん』（岩波書店、二〇〇四年）。

アフガニスタン・イラクと続く軍事行動に対し、彼女は、「私の戦争体験から考えてみると、いつも戦争を始める理由は捏造されている。だからいかなる戦争にも反対だ。戦争とは市民と国が対立することなのだ。国と国が憎しみ合って闘うのではない。誰も個人的に敵という人と話をしたことがないから」と、実に明快に反戦の意志を示しています。

他方で、自分たちの住むロサンゼルス郊外の町で、現状にたまりかねた人々が、推定平均年齢八〇歳の反核・反戦グループを結成し、「草の根・民主主義」を実践している様子を紹介しながら、「アメリカは一色でない」ことを訴えています。そこには、アメリカの良識派への強い期待、「アメリカはむちゃくちゃもするが、復元力が働く。まともなアメリカに復帰するのだ」という信念が感じられます。

たとえば、アメリカは、財政赤字と貿易赤字という双子の赤字を抱えていて、世界中から借金をしないと経済が回らない状況です。それでも、財政赤字については、クリントン政権が、父親のブッシュ政権から受け継いだ赤字を黒字にひっくり返して、健全な財政にしたわけですね。クリントンが大統領に就任した時、私はニューヨーク州立大学で講義をしていました。それを息子のブッシュ政権は、また赤字にした。やたらに軍事支出を増やしたおかげで、今や財政赤字は、五〇〇〇億ドル以上になります。

このようにブッシュがむちゃくちゃにしたアメリカを、再び民主党のケリーがまともにしてくれるだろうという思いが、米谷さんにあったように思われます。しかし、それは実現しなかった。クリントンが解消した赤字を復活させたのが、今のブッシュ。ケリーは、これを再び黒字に変えてくれるはずだった。ところが実際には、大統領選挙で三〇〇万票もの差で、ブッシュが再選されてしまった。このアメリカと、どう付き合っていくべきでしょうか。

土井　アメリカでは、大統領が続投すると、マンネリ・ムードが漂うといわれています。最近は、メディアも、選挙戦の最中はケリーを支援しても、ブッシュが勝つとブッシュ派に鞍替えするような傾向があります。しかし、報道というものは、状況に便乗するのではなく、数多くの事実を取捨選別し、真実を伝えるという重要な役割を本来担っているものでしょう。少数者の声を伝えたり、人々があまり関心を示さないことがらに実は重要な情報が含まれていることを知らせたりするのは、メディアの重要な任務だと思います。大衆が事実を探知しようとすれば、それはメディアを通してからしかできません。大統領選挙前と選挙後のマスコミ、その動きを注視する必要があるかと思われます。

そこで思い出されるのが、ベアテ・シロタ・ゴードン[*13]さんから聞いた話です。ベア

＊13　**ベアテ・シロタ・ゴードン**　一九二三年ヴィーン生。五歳から一五歳まで日本で過ごす。両親と離れアメリカ留学している間に日米開戦。一九四五年一二月二四日、連合国軍総司令部・民政局スタッフとして再来日。

テさんは、米軍の軍属として、日本国憲法の草案作成作業にかかわり、法の下の平等を謳った第一四条と、男女平等を定めた第二四条の産みの親です。[*14] 彼女は、その当時まだ二二歳という若さで、六ヶ国語に通じているとてもシャープな感覚の持ち主でした。かつて、私はベアテさんと対談したとき、その平和や人類に対する情熱にうたれました。五歳から一五歳までの日本での生活のなかで、当時の女性の無権利なくらしを眼のあたりにした彼女の生活経験が憲法第二四条にかける執念となったのも頷けます。[*15]

　そして、二〇〇〇年五月二日には、参議院の憲法調査会[*16]で参考人として、流暢な日本語で次のように述べられているのです。

> その〔民政局の〕運営委員会には三人がいました。……みんな弁護士であってみんな男性でありました。その男性は、私が書いた草案にあった基本的な女性の権利に賛成しましたが、私が書いた社会福祉の点について物すごく反対しました。……ケーディス大佐は、あなたが書いた草案はアメリカの憲法に書いてあるもの以上ですよと言いました。私は、それは当たり前ですよ、アメリカの憲法には女性という言葉が一項も書いてありません。しかしヨーロッパの憲法には女性の基本的な権利と社会福祉の権利が詳しく書いてありますと答えました。私はすごくこの権利のために闘いました。涙も出ました。

＊14　ベアテ・シロタ・ゴードン『一九四五年のクリスマス　日本国憲法に「男女平等」を書いた女性の自伝』（柏書房、一九九五年）参照。

＊15　土井たか子／ベアテ・シロタ・ゴードン『憲法に男女平等　起草秘話』（岩波ブックレット、一九九六年）参照。

＊16　**参議院の憲法調査会**　参議院の憲法調査会は、二〇〇五年四月二〇日、最終報告書を自民・民主・公明三党の賛成多数で議決した。衆院側の最終報告に比べ、「二院制維持」を初め、共産・社民を含む五党の共通見解が重視された内容となった。なお、衆議院の憲法調査については＊25（一六六頁）参照。

……この憲法は五十年以上もちました。それは世界で初めてです。今まではどんな憲法でも四十年の間に改正されました。私は、この憲法が本当に世界のモデルとなるような憲法であるから改正されなかったと思います。日本はこのすばらしい憲法をほかの国々に教えなければならないと私は思います。

そのベアテさんに、投票の二週間前、アメリカの大統領選挙について伺うと、九歳になるお孫さんが、個別訪問をしているという話をしてくれました。「今度の選挙は、ケリーに投票しましょう。イラクに対してブッシュがやったことは、間違っています。今（二週間前ということですが）は劣勢だけれど、負けるわけにはいきません」と言って、ご近所を回っているのだそうです。親がやりなさいと言ったことはなく、孫が自分の意志でやっている。そう言われていました。

「民主主義と自由」の変質

小田　今のアメリカを見ていると、かつて「一三の星の星条旗」を目撃したことを思い出します。ベトナム戦争のさなかの一九六六年、退役軍人たちが戦争に反対しました。かつて戦争に参加してもらった勲章を政府に返還することで、抗議の意思を表明したのです。私もニューヨークからワシントンまでその人たちと一緒にバスに乗り、ホワイトハウスの前でデモ行進をしました。退役軍人が、次々と勲章を箱に返していました。

この時、若い退役軍人が、「一三の星の星条旗」を持って歩いていました。「一三の星の星条旗」は、建国当時のアメリカ合州国の国旗です。そこには、圧制や抑圧に対する抵抗の原理としての「民主主義と自由」の理念が込められています。ところが、一三から星の数が増えるにつれて、「民主主義と自由」は、アメリカが支配し、収奪し、そして戦争する「大義」へと変質した。今ベトナム人は、三〇〇年前のアメリカと同じように独立戦争をしているのに、アメリカ人にはなぜそれが分からないのか。そういう意味合いです。このことも、『毎日新聞』の「西雷東騒」に書きます（二〇〇四年一一月三〇日付）。

ベトナムはすごい国で、第二次世界大戦中に、ベトミン（ベトナム独立同盟会）が日仏の二重支配、さらには日本軍の傀儡政権に対する抵抗運動を展開し、一九四五年八月革命を成功させました。そして、九月二日、ハノイで、ベトナム民主共和国の独立宣言が発せられました。起草し朗読したのは、ホー・チ・ミン[*17]です。独立宣言にはこう記されています。

すべての人間は、生まれながらにして平等である。彼らは、造物主によって、一定の奪

*17 **ホー・チ・ミン**
一八九〇～一九六九年。一九一九年ヴェルサイユ講和会議で、グエン・アイ・クオック（阮愛国）の名で「安南人民の要求」を提出し、一躍有名になる。民族主義から出発し、共産主義を受容した革命家として成長、一九四一年、三〇年ぶりに帰国して、ベトミン（ベトナム独立同志会）を設立、四五年の「八月革命」を成功させた。ベトナム民主共和国の初代主席にして、抗仏・抗米戦争におけるベトナム人民の民族的団結の中心的存在。

いがたい権利を付与され、その中には生命、自由、および幸福の追求が含まれる。この不滅の言葉は、一七七六年のアメリカ合衆国独立宣言の中で述べられたものである。〔中略〕一七九一年に出されたフランス革命の人権宣言も、こう述べている。「すべての人は、自由かつ権利において平等なものとして出生し生存する。」これらは、否定することのできない真理である。

ただただ自分たちの国や民族の独立と自由を謳うのではなく、アメリカ独立宣言と人権宣言を引用して、それを普遍的な権利として明確に主張しています。フランスは、人権宣言の理念を本当に実現したのか。アメリカの独立宣言はどうか。われわれは、アメリカやフランスが果たせなかった理念を実現するのだ。そこには、前向きで開かれた精神が流れています。他方、今のアメリカは、閉じられた精神に支配されていると言うしかないでしょう。後ろ向きの方向に進みつつあります。

もう一度、今回の大統領選挙結果を考えてみましょう。有権者がリベラル派に投票する州は、東部と西部です。真ん中は保守です。今回の大統領選挙でも、「民主党＝青、共和党＝赤」の色分けは、実にはっきりとしていました。「一三の星」は、もちろん東部でしかありません。ニューヨークやワシントンだけを見て、それがアメリカだと思ったら、大間違いです。むしろ、真ん中こそアメリカだと言われています。

中部の人から見ると、東部は「ヨーロッパ」なのだそうです。中部は田舎臭く、新聞は地方紙で、保守的な文化が支配的です。ここに重要な問題があると感じます。私は、実際に中西部を訪れて、本当に驚きました。「ブッシュ万歳」の人が実に多い。イラクに大量破壊兵器はないと言っても、誰も信用しないのです。今のアメリカは、中部の「自分こそがアメリカ人だ。アメリカは正しいのだ」と思っている人たちが動かしているわけです。

アメリカについて語る時、ニューヨークやロサンゼルスの話だけをしていてはダメです。中西部のサウスダコタ州やノースダコタ州は、二〇万平方キロ近い広大な土地で、人口はたったの七〇万人前後です。西宮市は一〇〇平方キロで、四六万人ですよ。そんなところに住むと、どういうことになるでしょうか。大学はありますが、都会の感じは何もしません。ヨーロッパで見られるような個性もない。そこに住む人々は、他の国どころか、他の州にさえ行ったことがなかったりする。そして、「自分の国は、民主主義と自由の国だ」ということを支えにしているわけです。

今アメリカ人の多くが読む新聞『USAトゥデー』を読みながら、いったいこの「民主主義と自由」とは何なのか考えてみました。それは、もともとアメリカという土地に長年住み続けてきたネイティヴ・アメリカンを殺し、奪い、焼くことに繋がると思います。高性能の武器、キリスト教の聖書とともに、この「民主主義と自由」という言葉こそが、攻撃の武器となったわけです。つまり、「民主主義と自由」は、すべての人は平等で、政府の権力は、それに被治者が同意を与える場合にのみ正当とされるという近代民主政治の基本理念とは次元の異なる使われ方をされるようになったのです。要するに、支配し、収奪し、戦争する理論の道具立てです。イラク戦争に反対したドイツやフランスを、ラムズフェルド国防長官[*18]は「古いヨーロッパ[*19]」とこき下ろしましたが、かつて君主制・貴族制のヨーロッパに対し、共和主義・民主主義を貫いて人民の権利を守ろうとした頃の「民主主義と自由」とは、言葉は同じでも、中身は全く別物です。

日本の農民にとっては、「民主主義と自由」は、戦後の農地改革の際に利用された言葉です。戦前から封建主義と戦ってきた運動の蓄積もありましたから、「民主主義と自由」は、それなりの実感を持って受け止められたと思います。アメリカの中西部には、こうした感覚はありません。要するに、そこでは「復元力のあるアメリカ」は機能しない。絶対的多数がブッシュを支持するのです。直接投票での三〇〇万票という票差は、圧倒的です。これが、真ん中の人たちです。われわれは「民主主義と自由」というものを考える際、この点に留意する必要があると思います。四年の間に世界がどうなるか、それは分かりません。ただ、再びブッシュ政権になったということで、平和憲法の価値もまた新たに出てきたということは言えると思います。

＊18 **ドナルド・ラムズフェルド国防長官**　第3章＊31（一二九頁）。

＊19 **古いヨーロッパ**　二〇〇三年一月二三日の記者会見におけるラムズフェルドの侮蔑的発言の背景には、冷戦終結後EU・NATOに加盟した中・東欧諸国が、旧ソ連による支配の後遺症から、外交・軍事でアメリカのリーダーシップに機械的に従っている事情がある。

劣化する国会

土井　議員同士で交流していると、アメリカの議員は、日本の憲法九条のことを殆んど知りません。ですから、米国に対しては、九条の理念をもっと強く主張する必要があります。

アメリカは、与党であれ野党であれ、議員として同じように接します。しかし日本では、与党議員と野党議員では、政府の側の扱い方が全く異なっています。日本から野党議員がアメリカに行き、あちらの政府要人と直接に話をする機会は、なかなかできません。私は、アメリカの議員との意見交流の機会を持つことがありますが、意見が違ってもきちんと筋がとおっていれば、尊重してくれます。そこで日本の野党の議員も、もっとアメリカの議員と交流する機会を持って率直な対話をすることが重要であると思います。与党の意見だけを聞いてそれが国民すべての声と思われたら間違いです。

訪米した自民党の国会対策委員長が、リチャード・アーミテージ米国務副長官[20]から、二〇〇四年七月二一日、「憲法九条の存在が、日米同盟関係の妨げの一つになっている」「国連安保理常任理事国は、国際的利益のために軍事力を展開しなければならない役割も大きい。それができないなら、常任理入りは難しい」と、改憲をいわば押しつけられて、それが第九条を変える土壌になっていくというのは、とんでもない話で

＊20　**リチャード・アーミテージ米国務副長官**　一九四五年生。ベトナム戦争に従軍、退役後国防総省のコンサルタント。レーガン政権で東アジア・太平洋担当国防次官補代理、国際安全保障問題国防次官補。二〇〇〇年一〇月、米日関係を米英関係にまで高めるべきとした「アーミテージ・レポート」を発表。

す。八月一三日、沖縄国際大学の構内にアメリカ海兵隊の大型ヘリが墜落した時もそうですが、日本の政府・与党の人たちは、相手がアメリカとなると、途端に厳しい対応ができなくなります。

それから、日本は唯一の被爆国[*21]です。アメリカは、包括的核実験禁止条約（CTBT）[*22]の批准を今なお拒否しています。それどころか、未臨界核実験を繰り返し、「テロ撲滅」を口実に、実戦に使いやすい小型核兵器の開発を進めています。二〇〇二年一月に発表された「核態勢見直し」（NPR）報告は、アメリカの軍事戦略における核兵器の役割を高め、先制攻撃戦略で核の使用を辞さない方針を打ち出しました。ブッシュ政権では、核廃絶に逆行し、核戦争を推進あるいは容認する人物が、重要な役割を演じています。もちろん、アメリカとの関係は重要ですから、友好が基本だとしても、こちら側がきちんと言うべきことを言えば、日米関係は違った意味で緊密になると思います。先制攻撃は国際法違反であるということへの正しい認識を促したり、唯一の被爆国の立場から、核保有国の責任を問い質したりするなど、発言すべきことはいろいろあると思います。

日本の国会の状況についてですが、野党が反対している法案について、政府側は「時間の無駄だ」と言わんばかりに、詳しい説明をしない傾向があります。特に小泉首相は、「どうせあなたは反対の立場でしょう。反対する人に説明しても、意味はあ

***21 唯一の被爆国**　日本は、人類史上初めての核兵器使用により数十万人の生命を失った国であることから、核兵器を持たず、つくらず、持ち込ませないという非核三原則を国是としてきた。ただし、ビキニ環礁やムルロア環礁にも、米仏の核実験による被害に苦しむ人々が存在する。

***22 包括的核実験禁止条約**（CTBT）　地下を含むあらゆる場所での核爆発実験を禁止する条約。一九九六年九月、国連総会で採択。アメリカは一九九九年一〇月、上院が批准を拒否、ブッシュ政権も批准を求めていない。

りません」と、私たち野党議員の質問にまともに答えようとしません。一国の総理大臣としては、まことに不見識な答弁です。

そして、議席の数が何よりも大事と言わんばかりに強行採決が当たり前のようになっています。イラク特措法案[*23]にしてもそうですし、年金法案にしてもそうです。本当に乱暴な国会運営ですが、強行採決の前には、とにもかくにも法案を説明する場がありました。しかし、自衛隊がイラクに駐留する多国籍軍に参加した問題については、国会に対してその説明は全くありませんでした。二〇〇四年六月八日、アメリカ南部のジョージア州シーアイランドで開かれる主要国首脳会議に先だって行われた日米首脳会談で、小泉首相がブッシュ大統領と握手して、「イラク暫定政権に歓迎される形で自衛隊派遣を継続する」と、多国籍軍への参加を当然のように公言する。そして、一八日には閣議決定。これはもう、ルール以前の問題です。

最高裁は、統治行為論[*24]を展開し、高度に政治的な問題は裁判になじまないとして、提起された憲法問題を審理の対象から外し、判断を回避するでしょう。しかし、現状を考えると、あらゆる場面で違憲性の問題をはっきりさせていく必要があると思います。数から言えば、与党は、国会議員の半数以上を占めています。憲法九九条は、「天皇又は摂政及び国務大臣、国会議員、裁判官その他の公務員は、この憲法を尊重し擁護する義務を負う」と、憲法尊重擁護の義務を課していますが、与党議員はそれ

＊23　**イラク特措法案**　イラクを占領するアメリカの要請に応え、二〇〇三年七月二五日に成立した「イラク復興支援特別措置法」。これに基づき、一二月九日、自衛隊のイラク派遣基本計画が閣議決定、翌年二月三日、重火器を備えた陸上自衛隊がイラクに派遣された。

＊24　**統治行為論**　高度の政治性を持つ国家行為は、立法・行政部門の判断に従い、国民の政治的批判に委ねるべきだという理論。違憲立法審査権を有する「法の番人」として、自らの役割にあまりに消極的で現状追認的な立場と言える。

を無視しています。憲法調査会のあり方を見るとよく分かります。

憲法調査会[*25]は、本来、憲法を変えるためにつくられた場所ではないはずです。しかし、「ルールを守りましょう。ルールを守らない人が、国の最高法規を誤った道にひっぱって行くようなことはやめましょう」と申しますと、皆さん苦い顔をするのです。そもそも憲法調査会は、設置反対の声をおしきって、二〇〇〇年一月、「日本国憲法について広範かつ総合的に調査を行うために」衆参両院に設けられたものです。なかには改憲をするために憲法調査会をつくったと言っているとんでもない発言者もいますが、憲法改正案について意見を聴取するのは、ルール違反なのです。

衆議院の憲法調査会は五〇名の議員から成っていますが、一名が共産党、一名が社民党の議員で、残りはすべて与党と民主党の議員です。そのなかで改憲に反対しているのは、共産党の議員と社民党の議員だけです。多勢に無勢のこの状況は、お察し頂けることでしょう。

自民党の議員たちは、現実にあわせて憲法を変えていくべきだと言っています。でも私は逆だと思うのです。憲法が理想を語っていて、それが現実の状況と違うのであれば、現実をその理想に近づけていく努力をしていかなければならない。日本国憲法の普遍的で先進的な価値を活かし、その精神を創造的に広めることが肝腎なはずです。

ところが、長年にわたってそのような立法努力を放棄してきたうえに、最近では、

＊25　**憲法調査会**　衆議院憲法調査会は、二〇〇五年四月一五日、最終報告書を採決で決定した。前文への固有の歴史・伝統・文化の明記、自衛権や自衛隊の存在の明記、国民投票法案の起草と審議などが「多数意見」とされたものの、全体的な憲法改定の方向性は明確には打ち出されていない。

とにかく改憲を容易にするために、憲法の改正手続きを定めている憲法九六条をまず改め、それから本命の憲法を変えようという意見が自民党の改憲派のなかから出てきました。つまり、「この憲法の改正は、各議院の総議員の三分の二以上の賛成で、国会が、これを発議し、国民に提案してその承認を経なければならない」という規定の「三分の二以上」を「半数以上」に改めようというのです。これは、単なる手続きの問題ではなく、国の最高法規である憲法の基本的ルールの変更を迫るもので、いわば憲法の自殺行為ではないかと思います。

憲法を無視して立法した違憲の法律を実施するために、憲法を変えようというのですから、憲法の改正ではなく、改悪と言うべきであって、憲法はこのような改悪を認めていないことをはっきり知るべきだと思います。もはや、立憲主義の放棄ではありませんか。

戦前のドイツにいい例があります。第一次世界大戦に敗れ、帝政が崩壊したドイツでは、一九一九年、新しい共和国憲法が制定されました。このいわゆるワイマール憲法は、国民主権、行政権の民主的統制、社会的基本権の保障など、当時世界で最も先進的な憲法でした。男女平等も謳われ、女性参政権に道が開かれました。ところがこの憲法は、一九三三年一月三〇日に、ナチスが政権を掌握したことで、存在価値を失っていきました。三月二四日の「授権法」で、憲法違反も許される大幅な法律制定権を得たヒトラー政権は、ワイマール憲法を正式に廃止することなく、しかもそれを全く無視して、合法的手段でナチスの独裁体制を確立したわけです。このように、一度法が成立してしまえば、それに従った政策が合法化されていくのです。「ニュルンベルク法[*26]」で、ユダヤ人迫害が法制化されたのは、その一例です。

ですから、アメリカの議員と話す時でも、日本国憲法第九条をもっときちんと主張すべきです。特に、アジア・太平洋地域では、戦争に対する猛反省から生まれた日本の平和憲法に対して強い思いがあることも重要な点です。二〇〇一年の三月五日に社会主義インターアジア太平洋委員会が東京で開催された時、非核不戦国家宣言、北東アジアの非戦の総合安全保障機構の創設・非核地帯設置を、二一世紀の平和外交構想[*27]、いわゆる「土井ドクトリン」として提案したのもこの思いからでした。国会は、正当に選挙された代表者が討議を進める場であることを再認識すべきだと思います。

「安保」が強いる従属と思考停止

小田　私は、「正義の戦争はあるか　小田実・対論の旅」というNHKのBS特集番組（二〇〇〇年八月一四日放送）で、ブッシュ政権で国務副長官になるアーミテージと、約一時間会談をしました。具体的なテーマは日米安保条約で、私は彼に、この条約がある限り、日米間の対等な関係はないということを主張しました。

＊26　ニュルンベルク法　一九三五年九月一五日、ナチ党大会で公布された反ユダヤ主義的法律。ユダヤ人はドイツ国民としての権利を否認され、「ドイツ人あるいは同系統の血筋を持つ市民」との結婚を禁じられた。この法律制定後、日常生活のレベルに至るまで、ユダヤ人への差別が激化した。

＊27　『二一世紀の平和構想　核も不信もないアジアを』（社会民主党機関誌宣伝局、二〇〇一年）参照。

安保条約は、軍事政策の継続です。日本と中国の関係は、平和友好条約で、「覇権を求めず、求められず」という対等・平等・自由の原則と、問題の解決に暴力を用いないという平和主義の原則に立っています。日米間にあるのは、「安保」という名の軍事条約だけです。軍事条約にあっては、強い側が弱い側に覇権を行使するのが常です。そこで、日米間でも「平和友好条約」を結んで、まず両国の関係を真っ当なものにすべきです（私たちは、一九九七年一二月七日の『ニューヨーク・タイムズ』に、「われわれは軍事条約ではなく「平和友好条約」を欲する」という意見広告も出しました）。そのうえで、必要ならば「防衛」の問題を協議してもよいでしょう。軍事関係が中心の日米関係は、いびつなものだと言わざるをえません。

おおよそこんな話を、アーミテージにしました。われわれの討論が撮影され、放送されたわけですが、番組を見て私は、ＮＨＫの編集の仕方に驚きました。私が彼と喧嘩をしている場面、意見を戦わせている場面しかないのです。なぜ軍事条約ではなく「平和友好条約」なのかという前提の議論が、まるで削除されていました。これで、「優秀番組」としてギャラクシー賞をもらっているのですから、すごいことです。出演者（それどころか私は番組の主役です）の意志を無視して、ある種意図的な編集を行い、全く別物の、都合のよいものに番組をつくりあげてしまう。これは、実に重大な問題だと思います。

土井　二〇〇二年一二月一三日の夜、小田さん、鶴見俊輔さん、澤地久枝さん、共産党の志位和夫さんたちと、イラク攻撃反対のデモ行進を一緒にしました。約二〇〇〇人の方が参加され、渋谷の町を一緒に歩きました。もっとも、その翌日の各紙では全くとりあげられていませんでしたが。一行の記事にもなっていませんでした。二〇〇四年五月二一日には、その前日の有事関連法案の衆議院採決強行に抗議して、参院で徹底審議、廃案に追い込もうと東京の明治公園に一万人もの人が集まりました。これほどの規模の集まりに対しても、マスコミの扱いは同じでした。

小田　二〇〇二年九月二八日、イギリスのロンドンで、四〇万人規模のものすごいデモがありました。首相官邸前から繁華街をぬける数キロの道路は、六時間以上も人波と反戦スローガンが続いたということです。ケン・リビングストン・ロンドン市長[*28]は、トニー・ブレア首相[*29]と同じ労働党ですが、デモ行進の終結点のハイドパークで、「イラクへの戦争は石油のためであることは明白だ」「三〇年来の大規模な平和行動は、労働党大会とブレア首相に電撃的な衝撃を与えるだろう」と、激烈な演説をしました。このリビングストン市長にメッセージを送ったところ、すぐに返事が返ってきました。

土井　党派に縛られることなく戦争に反対するという点では、日本軍による真珠湾攻

＊28 **ケン・リビングストン・ロンドン市長**　一九四五年生。二〇〇〇年五月四日、労働党左派の下院議員から、党の公認候補に対抗して無所属でロンドン市長選に立候補し、当選。二〇〇四年六月一〇日投票の市長選で、労働党に復帰して再出馬し再選。

＊29 **トニー・ブレア首相**　一九五三年生。一九九四年労働党党首。「ニュー・レーバー」を掲げ、一九九七年五月一日の総選挙で地滑り的勝利を収め、一八年ぶりの政権奪回に成功。二〇〇一年六月七日の選挙でも圧勝。

撃の翌日連邦議会に上程された対日開戦決議に唯一人反対した、モンタナ州選出の議員、ジャネット・ランキンも思い起こされます。アメリカ初の女性下院議員である彼女は、「私は女なので戦争には行けません」、「ですから、他人を戦場に送ることは拒否します」と臆することなくきっぱりと反対演説をしました。[*30]

彼女の反対票に対し、アメリカ中で「非国民」との反発や憤激が沸き起こり、結局彼女は翌々年の任期満了まで議員を務めたものの、再選はされませんでした。しかし、嫌がらせや脅迫があっても、一人戦争に反対する。間違っていることに対して、「間違っている」と主張する。これこそが民主主義の基本です。「一票の反対」には、価値があるのです。地元のモンタナ州では、彼女を誇りにして、「ジャネット・ランキン・ピース・リソース・センター」というNPOが設立されました。

日本では、斉藤隆夫議員が行った、一九三六年、二・二六事件直後の「粛軍演説」、一九四〇年、日中戦争の処理政策に関する「反軍演説」が、命がけの名演説として知られています。結局斉藤議員は、当時所属した民政党から擁護されず、軍閥に屈服しきっていた衆議院から除名されてしまいましたが、この国では今でも、たった一人反対を貫いた議員を顕彰するようなことは、まず考えられないのではないでしょうか。

今、米軍の再編計画が進んでいますが、再編によって、ワシントン州にある米陸軍第一軍団司令部が、神奈川県のキャンプ座間に移転すると伝えられています。この司

＊30　大蔵雄之助『一票の反対　ジャネット・ランキンの生涯』（文芸春秋、一九八九年）、ハンナ・ジョセフソン『絶対平和の生涯　アメリカ最初の女性国会議員ジャネット・ランキン』（藤原書店、一九九七年）参照。

令部は、米本土西海岸からアジア、アフリカ東海岸へ及ぶ広範な責任範囲を持つ米太平洋陸軍の下で、緊急展開部隊の司令塔の役割を担っていると言われています。この案には、さすがに日本の外務省も、はじめは珍しく難色を示しました。日米安保条約第六条には、米国が「その陸軍、空軍及び海軍が日本国において施設及び区域を使用することを許される」のは、「日本国の安全に寄与し、並びに極東における国際の平和及び安全の維持に寄与するため」だと明記しています。沖縄でも横須賀でも同じで、米軍は日本にある軍事基地を拠点としてどこに行ってもよいわけではないのです。「日本国の安全」に寄与するという条件がついているのです。さらには「極東における国際の平和及び安全の維持」という条件もあるのですから、日本の軍事基地から中東やイラクに出撃することは本来認められていないはずです。

そこで、「極東」の範囲が問題になります。一九六〇年、日米安保条約改定の際、「極東」の範囲について、「フィリピン以北、日本とその周辺海域、韓国、台湾の支配下にある地域が含まれる」とする統一見解が出されました。しかし同時に、「極東の平和と安全の維持に寄与するため」の行動は、これらの地域が直接に攻撃を受けた場合だけでなく、他の地域で発生した事態によって脅威を受ける場合にもとることができ、しかもそのような行動そのものは地域的に極東に限定されているわけではないということも記されました。このようにあいまいな規定でしたので、ベトナム戦争の時には、ベトナムが極東に入るのかどうか、国会で問題になりました。当時の外務大臣の答えは、「極東ではないが、極東の周辺には入る」というものでした。その後、「極東の周辺」がどこまで入るかが問題になりました。

一九九九年五月に可決されてしまった周辺事態法では、政府は「周辺」とは地理的概念ではないと言いながら、自衛隊派遣の範囲は、インド洋までは含まれないと答えていました。ところが今や、在日米軍はアフガニスタンやイラクへの攻撃に参加し、日本は日本で、「国際平和協力」と称して、インド洋への自衛隊艦船の派遣やイラクへの陸上自衛隊派遣を行っています。文字どおりなし崩し的に、「極東」の意味は、形骸化されつつあります。

自衛隊法からすれば、その任務は「わが国の平和と独立を守り、国の安全を保つため、直接侵略及び間接侵略に対しわが国を防衛することを主たる任務とし、必要に応じ、公共の秩序の維持に当る」ことにあるのですから、専守防衛以外の何物でもありません。防衛政務次官や郵政大臣を務められた箕輪登さんが、イラクへの自衛隊派遣は憲法と自衛隊法に違反すると、二〇〇四年一月、札幌地裁に提訴しました。議員在職当時自民党のタカ派として知られた箕輪さんでさえ、なし崩しの派兵に強い危機感を持っておられるわけです。[*31] 自衛隊のイラク派兵に対しては、小田さんも、鶴見さんたちと一緒に、四月末、大阪で違憲訴訟を起こされていますね。

＊31　箕輪登／内田雅敏『憲法9条と専守防衛』（梨の木舎、二〇〇四年）参照。

座間への移転案は、広大な作戦範囲を持つ米陸軍第一軍団の司令部をここに置いて、その司令官が在日米軍の陸海空海兵の四軍全体を統括するというものです。つまり米軍は、朝鮮半島から中東までのいわゆる「不安定の弧[*32]」での活動に対する司令部機能を日本に置こうとしているのです。これは、米軍に基地を提供する目的を「極東の平和と安全の維持」と定めた日米安保条約第六条（極東条項）を大きく逸脱するわけで、だから外務省は反対したわけです。

しかし、それも長続きはしませんでした。町村信孝外相は、二〇〇四年一〇月一六日、米軍再編について「頭からまず安保条約、極東条項ありきということでやると狭い議論になってしまう」と述べて、在日米軍の活動領域を「極東」に限定した日米安保条約の「極東条項」との整合性にはとらわれずに米政府と協議する考えを示したのです。一一月一日の予算委員会で明らかになったのですが、その背後では、防衛庁が外務省を熱心に説得していました。

それにしても、なぜ「日米同盟」という表現を使うのでしょうか。それは、「日米条約」であれば突っ込まれる問題も、「同盟」の名の下にかわすことができるからでしょう。つまり、「日米同盟」というのは、日米安保条約を遵守することとは意味合いが異なり、思考を停止させ、「何でもあり」に導きかねない危うい語法なのです。

防衛庁は、アメリカの軍事行動を第一に考えます。この点で外務省とトーンが異な

＊32 **不安定の弧**　米国防総省が二〇〇一年一〇月一日、連邦議会に提出した「四年ごとの国防戦略見直し」に盛り込まれた概念。北東アジアから中東にかけての弧状の地域を指し、テロが起こりやすい、将来脅威となる中国が存在する、米軍の基地・拠点が少ないと分析、日本を重要な戦略拠点と位置づける背景となっている。

っていたのですが、外務省が防衛庁に合わせることで一件落着したわけです。こういった問題について、社会党が野党第一党だった頃は、国会でかなり議論になったのですが、今の野党第一党である民主党の議論はどうなっているのでしょう。このところ国会で盛んに取りあげられたのは、答弁が二転三転する法務大臣が大臣としての資質に欠け、職責を全うできないのではないかという問題です。私は、これは他の重要課題を後回しにしてまで、優先的に取り上げるべき問題ではないと思います。「二大政党」でなければならないがごとくマスコミは言いますが、いったいそれは議会の活性化、討論の深化に結びついているでしょうか。新聞やテレビが、大して本質的でない問題を過剰に取りあげている責任は大きいでしょう。

こういった問題の背景には、選挙制度の欠陥があります。小選挙区制[*33]は、落選者に投じられた死票が多く、必然的に二大政党制への収斂を促して、政治理念の多様性を消し去ってしまいます。二大政党制を採用しているアメリカやイギリスを見れば分かりますが、次第に二大政党の中身が似たようなものになります。日本でも、一九九六年以降三回目の選挙を経て、自民党と民主党の違いも、ますます分からなくなってきました。二大政党の違いがなくなってくると、政治に国家主義的な要素が増えてきます。このまま事態がズルズル進むと、今までは驚いていたことに、驚かなくなってしまう。昨日までは憤激していたことを、さしておかしいと思わなくなってしまう。こ

＊33 **小選挙区制**　選挙区から議員を一名選出する制度。小政党の存在をほとんど不可能にし、二党制を招来ないし強化する機能を持つ。

の坂を転がり落ちることにならないように、粘り強く、あらゆる場所で働きかけていくことが大切だと思います。

ブッシュ再選を受けて

小田　アメリカへの信頼感というものも、問題を孕んでいるように思います。アメリカには二つの顔があります。一つは民主主義国の顔であり、もう一つは政治大国・軍事大国としての顔です。「民主主義と自由」という言葉を振り回して、他国を平気で蹂躙する。

それは、国内での差別の問題と密接に関係しています。私は一九五八年にハーバード大学に留学しましたが、そこには東部出身の白人のエリートがたくさんいました。当時は公民権運動[*34]の勃興期で、南部や中西部では、差別が合法化されていました。便所や待合室など至るところで、「白人用」と「黒人用」とに区別されていました。日本人の私は、白人用の施設に入ることができました（もっとも、結婚となると話はまた別で、当時まだ南部には、日本人ないしモンゴリアンとの結婚を禁止している州がありました）。

ところが、私の髪は、金髪ではなく黒い色です。ある時、私が自分の髪の毛の色を「ブラック」と表現したら、上品なおばさんが、「ブラックではなくダークよ」と言

＊34　**公民権運動**　一九五四年、アメリカ最高裁の人種別学制度違憲判決を機に高揚した、黒人による公民権法要求運動。マーティン・ルーサー・キング牧師の非暴力抗議運動が中心的な役割を果たし、一九六三年八月、ワシントン大行進での彼の演説「私には夢がある」は有名。一九六四年七月、人種差別撤廃を謳った公民権法が成立。キングは同年ノーベル平和賞を受賞したが、一九六八年四月に暗殺された。

うのです。つまり、便所のことを「はばかり」と異称で呼んだりしますが、解放運動以前のアメリカでは、「ブラック」は、「はばかり」同然の意味で使われていたのです。人種差別を人権・平等の問題として捉え、黒人としての自覚・誇りから、「ブラック・イズ・ビューティフル」と言われるようになったのは、ずっと後の一九七〇年代です。

今回の大統領選挙で、黒人の九割はケリーに投票しました。それでも、ケリーはブッシュに三〇〇万票の差をつけられたのです。現在アメリカ社会が抱える多くの矛盾に対して、キリスト教原理主義は、力で抑えつけようとしています。ですから、日本がアメリカにつき従っていくことは、その原理主義の精神を共有して政策をともに実行していくことを意味します。

ブッシュが大統領に再選されて、ある新聞は、イラクの失敗を踏まえて、次の四年間彼はおとなしくするだろうと書いていましたが、これは明らかに間違いです。選ばれた、エレクトされた人は偉い。選任された人は、公約を果たす絶対的な責務と権限を持つ。アメリカは、そういう国です。日本は、その点をまだ分かっていません。ブッシュは、第一期の四年間で、公約どおりのことを行い、業績をあげました。次の四年間では、公約どおり、北朝鮮を攻撃するかもしれません。

土井　外国には、日本国憲法の前文や第九条を支持する人が数多くいます。二一世紀は、力ずくで問題解決を図るのではなく、法の支配の下で、平和的手段を用いることが大切です。これは、人類が歴史的に学んだことであり、今になって後退させてはいけません。

　一八九九年、オランダのハーグで、最初の国際的な平和会議が開かれました。一九世紀末、ヨーロッパ諸国が軍備を拡大し、軍事的な負担が増大するなかで、恒久平和の手段を探るために開催された会議ですが、日本からも、若き外交官・幣原喜重郎[*35]が参加しました。幣原さんは、第一次世界大戦後、外務大臣として国際協調的な外交を推進し、第二次大戦後は、戦後二代目の首相になりました。一九四六年一月二四日、幣原首相はマッカーサー元帥を訪問し、憲法改正問題を含めて、日本の占領統治について話し合い、戦争放棄という考えを示唆したと伝えられています。[*36]ですから、日本国憲法の平和主義の規定は、単なるアメリカの押しつけではなく、戦争を体験した日本国民の平和への強い希求と、幣原首相の理念なり判断なりが無くては出来なかったといわねばなりません。

　それはともかく、ハーグでは、その会議からちょうど一〇〇年後の一九九九年五月、「ハーグ平和アピール市民社会会議」というNGOの世界大会が開かれました。その「ハーグ・アジェンダ[*37]」に盛り込まれた「公正な世界秩序のための一〇の基本原則」

*35　**幣原喜重郎**　第1章*33（四二頁）。

*36　幣原平和財団『幣原喜重郎』（一九五五年、非売品）、幣原喜重郎『幣原喜重郎　外交五十年』（日本図書センター、一九九八年）、宇治田直義『幣原喜重郎』（時事通信社、一九五八年）、ダグラス・マッカーサー『マッカーサー回想記（上・下）』（朝日新聞社、一九六四年）、田畑忍『日本の平和思想』（ミネルヴァ書房、一九七二年）など参照。

*37　**ハーグ・アジェンダ**　①戦争の根本原因／平和文化、②国際的な人道上の権利並びに人権に関する法律と組織、③暴力紛争の防止、解決とその平和化、④軍備の廃止と人類の安全保障の四本柱から成る二一世紀の

は、真っ先に「各国議会は、日本国憲法第九条のような、政府が戦争をすることを禁止する決議を採択すべきである」と謳っています。二〇〇〇年五月、国連のアナン事務総長の呼びかけに応えて国連本部で開催されたNGOミレニアム・フォーラムでも、「平和・安全保障および軍縮テーマグループの最終報告書」で、「平和への人間の権利に関する共同宣言の提案および世界人権宣言に『平和への権利』を含める」「すべての国が日本国憲法九条に述べられている戦争放棄の原則を自国の憲法において採択する」という提案が取りあげられました。さらに熱心なオハイオ大学名誉教授のチャールズ・M・オーバビー[*37]さんの例があります。オーバビーさんは湾岸戦争直後オハイオ州で「第九条の会」を発足されました。日本国憲法第九条を「地球憲法九条」と高く評価され、「良心的参戦拒否国家」としての役割に、非常に大きな期待を寄せておられます。[*39]

平和憲法の先駆的存在として、一九二八年のパリ不戦条約[*40]があります。正式名称は、「戦争放棄に関する条約」です。国際紛争を解決するために当事国が戦争に訴えることを非とし、国家の政策の手段としての戦争を放棄することを宣言して、国際紛争を平和的に解決すべきことを定めたこの条約を提唱したのは、フランス外相のブリアンと、アメリカの国務長官ケロッグです。不戦条約は期限の定めがなく、今日でも効力を有しているわけですが、この経緯からすれば法の支配の先鞭をつけたのはアメリカ

平和と正義のための課題。

＊38 **チャールズ・M・オーバビー**　一九二六年生。朝鮮戦争にパイロットとして従軍。機械工学の博士号を取得。中部大学からの客員教授招聘を機に日本国憲法第九条を知る

＊39　チャールズ・M・オーバビー『地球憲法第九条』（講談社インターナショナル、一九九七年）。

＊40 **パリ不戦条約**　戦争の違法性を確定した最初の国際法。正式名は「戦争放棄に関する条約」。国家の政策遂行の手段としての戦争を放棄し、あらゆる国際紛争を平和的に解決することが規定された。一九二七年、フランスのブリアン外相が、米仏間の戦争違法化条約を提案、アメリカ国

なのです。

先ほど紹介したマクナマラ元国防長官も言っているように、ベトナムでの失敗は、アメリカが全知全能でないことを認識していなかったために起こりました。他国をアメリカの法の支配下に置いてはならないのです。今そのことが、どれだけきちんと理解されているでしょうか。

そうしたアメリカに後押しされて、「改憲」論議が進んでいます。なるほど、憲法に謳われている理念と現実との間には矛盾があります。たとえば、男女平等が守られていない現状がたしかにあります。だからと言って、憲法と現実社会の矛盾を指摘して、憲法を変えるべきなのでしょうか。人間はどういう生き方をすべきなのかと考え、その理念を活かすために、現実にどう働きかけるかが肝腎なはずです。どこの国でも、ややもすれば権力者の主張がまかりとおってしまうわけですが、国民が、「こんなはずではなかった」と裏切られないためには、一人一人の議論の積み重ねが重要だと思います。

「アメリカは強大で、説得できない。だから、アメリカの言うことに従わざるをえない」というのは、そもそも誤った議論だと思います。日米軍事同盟の中身を強化して、国民に断ることもせずに、とにかくアメリカへの協力を先決する。そのために、憲法の邪魔になる部分を改悪するというのでは、アジア・太平洋地域のなかで、お互

務長官ケロッグが、これを多国間条約とすることを逆提案し、翌年八月、日本を含む一五の原加盟国により調印された。後に加盟国は六〇カ国に拡大、条約は現在でも有効とされる。ただし、参加国の多くが自衛戦争の権利を留保し、違法行為への罰則も定められていないなどの限界がある。

いに信義を重んじながら協力を深めていく関係はとても実現できないと思います。

小田　戦争体験と絡ませて憲法を考えていくことは、とても重要です。二つの悲惨な世界大戦を経て、世界人権宣言[*41]や国際人権規約[*42]が国連の場で採択されました。世界人権宣言は、国際的な人権関係条約だけでなく、対日平和条約の前文でも言及されています。

本当は、当時「世界反戦宣言」「世界平和宣言」をつくるべきだったのです。しかし、国連をつくったのは、戦争当事国です。その中心には、無差別大量爆撃と原爆投下のアメリカがいました。それで、そうした宣言は、実現に至りませんでした。本来出されるべきだった「世界反戦宣言」「世界平和宣言」が一国の憲法の形で具現化したのが、日本国憲法なのです。そうした世界的な視野で、憲法について議論することが必要です。

会場からの質問・発言に応えて

土井　まず、政治献金についてですが、私たちは、企業・団体からの政治献金を禁止しようと、一貫して主張してきました。たしかに、政治資金規正法が改正されて、企業・団体から政治家個人への献金は禁止されました。ところが、献金総額の上限が定

＊41　**世界人権宣言**　一九四八年一二月一〇日、第三回国連総会で、すべての人民とすべての国が達成すべき共通の基準として採択された。自由権的諸権利（第一〜二〇条）、参政権（第二一条）、社会権的諸権利（第二二〜二七条）を骨子としている。

＊42　**国際人権規約**　一九六六年一二月一六日、第二一回国連総会が採択した「経済的、社会的及び文化的権利に関する国際規約」（社会権規約、A規約）と「市民的及び政治的権利に関する国際規約」（自由権規約、B規約）、およびB規約についての選択議定書の総称。A規約は一九七六年一月三日、B規約と選択議定書は同年三月二三日に発効した。なお、一九

められてはいるとは言え、政党・政治資金団体に対する企業・団体献金は温存され、また政治団体から政治団体への献金に量的制限もありません。それで、政党支部を利用した実質的な政治家個人への献金や、複数の政治団体や政党を経由させるひも付き献金・迂回献金が横行しているわけです。業界と政治家の構造的癒着を断ち切るためには、企業・団体からの献金を禁止することこそが根本的解決策なのです。

他方で、政治活動にはどうしてもお金がかかります。そこで、一定程度国庫による政党助成で補おうという話で、一九九五年に政党助成法が導入されました。一票当たり二五〇円くらいの助成金が、議席数に比例して配分されます。社会党の頃は、議員の数が一〇〇人を越えていましたので、かなりの額の政党助成金を受け取ることができました。

社会党時代から、「憲法擁護」は党の最重要政策で、各地の党組織では、憲法の勉強会を自主的に行っていました。一九九六年一月に党名が社民党に変わった後も、それを続けているところがあります。東京の党本部が決めるのではなく、自主的にやっている学習から、改めて憲法の意義を再認識する機運が幅広く盛り上がることを期待しています。

これからは、政党の敷居を越えて、憲法九条を活かす道を考えたいと思っています。私は、憲法を変えることが、国民総動員法の再現に至るのではないかと危惧していま

八九年一二月一五日、死刑廃止を定める第二選択議定書が採択され、一九九一年七月一一日に発効した。

す。「国旗・国歌法」[*43]が成立し、「強制しない」という国会答弁にもかかわらず、教育現場では、「日の丸・君が代」の強制がますますひどくなっています。日の丸掲揚に反対したり、君が代斉唱の際起立しなかったりした教員が、教育委員会によって処分されたり、卒業式の模様を監視するために教育委員会の職員が派遣されたりと、内面の自由を踏みにじる異常な強制がまかりとおっています。生徒が起立しないと、担任が処分されてしまうのです。

東京の立川では、防衛庁の官舎で、イラク派兵に反対する内容のビラを投函した市民グループのメンバーが、二〇〇四年二月二七日早朝、住居侵入罪の容疑で逮捕され、起訴されてしまいました。イラク戦争中の二〇〇三年四月には、杉並の公園トイレの外壁に「戦争反対」と落書きした若者が逮捕されています。これまた、少し前までなら考えられない異様な事態です。

こうした危機的な事態を受けて、市民運動も逆に盛りあがりを見せています。小田さんは「九条の会」の発起人のお一人ですが、私は、姜尚中さん、佐高信さん、城山三郎さん、辛淑玉さん、三木睦子さん、落合恵子さんと一緒に、二〇〇四年六月四日、「憲法行脚の会」[*44]を立ちあげました。日本国憲法が持つ平和主義の思想、国民主権の思想、基本的人権尊重の思想を社会や職場、そして世界に広げたいと心底願っています。

＊43 **国旗・国歌法** 一九九九年八月九日に成立、一三日に公布・施行された「国旗及び国歌に関する法律」。「国旗は、日章旗とする」、「国歌は、君が代とする」と規定している。

＊44 **憲法行脚の会** 公式サイトは http://homepage2.nifty.com/kenpou/

憲法を変えたいという人々の、究極の目標は、「九条」の改変に他なりません。私は、何とかして現行憲法をしっかり活かしていく政治をつくるため、民主党や与党の心ある人にも呼びかけ、党派を越えた取り組みを進めていこうと思っています。

他方で、選挙で議席を増やすことは、もちろん重要です。社民党は、日本国憲法の遵守を、政策の基本に据えています。「頑固に平和」、「平和なくして人権なし、平和なくして福祉なし、平和なくして暮らしなし」というスローガンを掲げてきました。社会的に弱い者の立場を重視し、少数者の意見を尊重する政策が必要であると思います。そのために憲法が重要な役割を果たしていると思います。プライバシー権[*45]を唱えながら、盗聴法[*46]に賛成する人がいます。このような矛盾の中で憲法を改悪することには、反対です。選挙で憲法改悪を許さない数を増やしていくことが、まずさしあたっての至上命題です。

小田　若い人たちには、日本の未来はどうあるべきなのかをぜひ考えてほしいと思います。一九五〇年頃、アメリカは「るつぼ社会」の教育を小学生に行っていました。「民主主義と自由」を触媒にして、さまざまな人種・民族を強引にこね合わせ練り合わせて、単一の「アメリカ人」をつくりあげたわけです。ところが現実には、民主主義と自由の根幹である価値の多様性は失われ、白人中心の差別・偏見が残りました。

＊45　**プライバシー権**　私生活をみだりに公開されない権利、自己に関する情報をコントロールする権利という新しい人権の一つ。

＊46　**盗聴法**　一九九九年八月一二日に可決・成立した「犯罪捜査のための通信傍受に関する法律」。「通信の秘密は、これを侵してはならない」という憲法第二一条に抵触するとの批判がある。

そこで、公民権運動やベトナム戦争を背景に、「サラダ社会」論がでてきます。それぞれの価値を認めあい、対等・平等・自由の「共生」が保障された社会です。

「サラダ社会」で行こうというのが、リベラルな人です。アメリカの真ん中では、ブッシュを信仰する単色の「るつぼ社会」論が今なお非常に根深いです。キリスト教原理主義的な価値観で、アメリカ全体をかき回して平準化しようとしているのです。

日本社会も、これと同じではないでしょうか。日本を一つのるつぼにして、種々雑多な人間をこね合わせ練り合わせて単一の「日本人」を仕立て上げようとしているわけです。「日の丸・君が代」で覆われたるつぼの日本は、星条旗で覆われたるつぼである「アメリカ帝国」に奉仕し、これがもくろむ「るつぼ世界」のなるべく中心近くに置いてもらおうとしているわけです。

これからは、サラダ型の日本・米国・世界を考えていくべきでしょう。アメリカのように、力ずくで一つの「るつぼ社会」をつくろうとすること自体が正しくないのだという点に気づく必要があります。特に民主党は、若い代議士をたくさんつくろうとしていますが、彼らはアメリカで教育を受け、アメリカ一辺倒の世界に疑問も持っていません。単なる世代論に惑わされることなく、若い世代は、ぜひこの問題性を見抜いて欲しいと思います。

平和主義を具現化する政治技術は何でしょうか。対等・平等で、かつ自由を追求することが、民主主義です。民主主義の政治論は、学校で教える政治論の世界とは異なります。政治を変える必要があります。これは天から来るものではありません。サラダ社会が平和であり、対等に生きる政治的な技術が憲法です。

土井　選挙についてもう一言添えますと、小さな党に投票して、それが死票になるよりは、大きな党に入れて、自分の一票を活かしたいと思うのが有権者の心情でしょう。しかしそれでは、何のために選挙をしているのか分かりません。年金や医療の問題などでは、有権者によって判断基準が異なるのは当然です。しかし、そういったさまざまな権利を保障する前提として、憲法の理念を守り、平和を保持し続けることが一番重要だと思います。経済問題や社会保障の問題は、まだ取り返しがつく。しかし、平和問題は、後になってからでは取り返しがつかない問題なのです。

小田　若い人たちには、歴史について、過去の問題としてではなく、長い目で何が必要なのかを、よく考えてほしいです。平和主義があるから、戦後の発展がありました。これを忘れて議論されると、困ります。これまで日本人はどう生きてきたのか、これから日本人はどう生きるべきなのかという問題について、私は、最近出した本[*47]の中で詳しく述べていますので、ぜひ読んでみて下さい。

＊47　『随論 日本人の精神』小田実（筑摩書房、二〇〇四年）。

最初の辺りでご紹介した、ベトナムについて書いた「西雷東騒」ですが、私たちが二〇〇二年二月から三月にかけて、ホーチミン市の「戦争証跡博物館」を訪れたのをきっかけに、「反戦平和」の日越市民交流が続いています。アメリカと戦って勝った国は、ベトナムだけです。二〇〇四年一〇月にベトナムを訪問し、「ホーム・ステイ」先の冷蔵庫の中身から判断して、現在、ベトナム経済は順調に上昇しているように思われます。それは、何より平和が大切だという理念の下、周囲の国と交流してきたからです。

アジアでは、日本は経済的に豊かな国だというイメージがあります。しかしアジアは、日本が平和経済のもとでうまくやってきたという事実を知りません。武器を売って儲けることなしに、これだけの経済発展を達成したのは、立派なものです。アメリカ以外のさまざまな国と交易しながら、平和を築いてきたのです。この点について、若い人たちにも自信を持ってもらいたいと思います。

土井　この夏の終わりに、コスタリカ[*48]に行きました。コスタリカは、一九四九年憲法で常備軍を廃止しています。この国の憲法第一二条は、「恒久的制度としての軍隊は禁止する。公共秩序の監視と維持のためには必要な警察隊を置く」と謳っています。軍隊の廃止は、前年の国政選挙から内戦が引き起こされ、国民約二〇〇〇人が犠牲に

*48　**コスタリカ**　中央アメリカ南部にある共和国。一八二一年、メキシコ帝国に参加する形でスペインから独立。一九四八年、冷戦の影響で、国内での左右対立から内戦状態に陥り、約二〇〇〇人が死亡した。勝利した中道左派のホセ・フィゲレス大統領は、国内対立を緩和するため、軍隊を廃止した一九四九年憲法を制定、「兵士の数だけ教師を」と唱えた。

なったことに端を発しています。八〇年代には、アメリカのレーガン大統領がコスタリカの再軍備を要求しましたが、当時のルイス・アルベルト・モンへ大統領は、一九八三年一一月に「積極的・永世・非武装中立」を宣言して切り抜けました。

常備軍を持たないということは、その分の予算が浮くことを意味します。コスタリカでは、それまで軍備に当てていた予算を、すべて教育に振り向けました。予算の四分の一が、教育費です。対話の大切さを重んじた平和教育が、地道に行われています。その結果、コスタリカの教育水準は、中米のなかでトップクラスですし、保健衛生の面も進んでいます。

そんなコスタリカの政府が、アメリカのイラク戦争を支持しました。ブッシュ政権が発表した「有志連合」のリストに「コスタリカ」の名前が載ったことに対して、一人の学生が二〇〇三年四月、猛勉強をして最高裁に訴えを起こしたのです。コスタリカの最高裁には、民法・商法を扱う第一法廷、家族法・土地法を扱う第二法廷、刑法を扱う第三法廷がもともとあって、一九八九年に、第四法廷として、人権問題を扱う憲法法廷が設置されたそうです。その第四法廷の判事七名は全員一致で、二〇〇四年九月八日、米国のイラク戦争を支持したコスタリカ政府の行為は、憲法や国際法の精神に反するという違憲判決を明示して、米国支持の取り消しを命じたのです。九月一七日には、「有志連合」のリストから、「コスタリカ」の名が消えました。

新聞でも報道されましたが、コスタリカでは、この大学生がたった一人で行った提訴をきっかけに、議論のすそ野が広がり、違憲判決に至ったのです。彼は、「すべての歴史を通じて、私たちは平和な国民であることを選択してきた」というコスタリカのよき伝統を大変誇りにしているのです。「この判決のおかげで、今の政府は恥ずかしい思いをするかもしれない。でも、コスタリカの人々は世界の信用を取り戻し、国の将来に希望が開けるでしょう」と言っています。

もちろん、コスタリカが「理想の国」だと言っているのではありません。貧富の差もあれば、汚職もあるでしょう。でも、この裁判は、この国で、平和と人権の問題を自らの問題として捉え、行動に移す若者を生み出すほどの努力の積み重ねがあったことを示していると思います。

小田　憲法の理念を実現する方向を考えていきましょう。日本は最終的に、良心的軍事拒否国家を貫いていけばよいのです。紛争の解決を、武力を用いず、非暴力に徹して行おうという平和主義の原点に立ち戻り、日本が「良心的軍事拒否国家」として、「軍事的貢献活動」ではなく、「市民的貢献活動」を実践できるかを考えるべきです。国を挙げての難民救済、世界の「反核」の実現、「途上国」の債務の軽減・解消、平和交渉の仲介・実現、あるいは個人の「良心的兵役拒否」と組み合わせての若者たちの災害救援など、日本国憲法前文が謳っている「全世界の国民が、ひとしく恐怖と欠乏から免かれ、平和のうちに生存する権利」を実現するためにやるべきことはたくさんあります。

そして、それに向けた教育を徹底的にやっていくことを望みます。教育基本法に謳われていますが、「民主的で文化的な国家を建設して、世界の平和と人類の福祉に貢献」するための教育です。もちろん、それはすぐには達成できないことでしょう。しかし、民主主義国家においては、市民が主体的に主張することが重要です。政治家にひたすらお願いしたり、あるいはただ抗議したりするのではなく、自ら政策を提言し、実現に向けて行動する。いろいろ問題はあるにせよ、あくまで非暴力で解決する。それが、平和憲法の精神です。

第 5 章

歴史の清算から積極派兵へ？

――ドイツに見る「過去の克服」と軍事化――

木《き》 戸《ど》 衛《えい》 一《いち》

1957年、千葉県生まれ。ドイツ現代政治・平和研究。1981年東京外国語大学ドイツ語学科卒業、1988年一橋大学大学院社会学研究科博士後期課程単位取得退学。一橋大学社会学部助手、大阪大学教養部専任講師を経て、現在、大阪大学大学院国際公共政策研究科助教授。2000～2001年、ドイツ・ライプツィヒ大学客員教授。編著に『ベルリン　過去・現在・未来』（三一書房、1998年）、共著に『20世紀のアメリカ体験』（青木書店、2001年）、訳書にフリッツ・フィルマー『岐路に立つ統一ドイツ』（青木書店、2001年）などがある。

誰のための政策研究か？

本題に入る前に、「国際公共政策研究科」という名前の大学院で勉強している皆さんに、いつも考えておいていただきたいことがあります。それは、何のための、誰のための政策研究なのかという基本的な問題に、自覚的ないし自己省察的であってほしいという点です。

権力と学問の関係を考えると、ドイツ政治を生業とする私などは、一七〜一八世紀の官房学（Kameralismus）[*1]を連想してしまったりするのですが、そこまで遡らなくとも、一九三三〜四〇年の「昭和研究会」も非常に教訓的な例だと思います。「朝野の全知能と全経験」を総動員して「真の国策樹立」を目指したこの研究機関には、蠟山政道・東畑精一・三木清等々、リベラル派やマルクス主義者すら参加したわけですが、個々人の主観的意図はどうあれ、権力エリートへの積極的な接近は、結局のところ、既成事実の追認や正当化しか生み出さなかったのです。

エドワード・W・サイード[*2]は、名著『知識人とは何か』で、知識人とは「亡命者にして周辺的な存在であり、またアマチュアであり、さらには権力に対して真実を語ろうとする言葉の使い手」だと述べています。[*3]その責務とは「普遍的で単一の基準にどこまでも固執する」ことであり、「国家への忠誠の圧力、そこからどうしたら相対的に自律できるかを模索すること」だとしています。この書物のなかでサイードが、

＊1　**官房学**（Kameralismus）　神聖ローマ帝国下のドイツ・オーストリア地域で発達した、行政に関する諸学の総称。絶対君主の繁栄を図り、「一般福祉」の名で下々に対する後見主義的な行政を正当化した。

＊2　**エドワード・W・サイード**　一九三五〜二〇〇三年。一二歳の時、故郷パレスティナを追われる。コロンビア大学教授（比較文学）。パレスティナ問題解決のため、イスラエル・パレスティナ双方に問題の認識と対話の必要を説いた。

＊3　エドワード・W・サイード『知識人とは何か』（平凡社ライブラリー、一九九八年）。もともとは一九九三年の講演。

「共同体から発せられる義務と、知識人が〔権力者と弱者の〕どちらの側につくかという問題とが悲劇的なかたちで問題化し、知識人を苦しめるにいたった近代国家といえば、日本をおいてほかにあるまい」とわざわざ言及しているのは、日本の大学に籍を置く者として、特に深刻に受け止める必要があるでしょう。

たしかに、「利益とか利害に、もしくは狭量な専門的知識にしばられずに、社会のなかで思考し憂慮」する「アマチュアリズム」を貫くのは、容易ではない。だからと言って、専門用語をまくし立て、「世論を体制順応型に誘導し、有識者からなる少数の政権担当者集団にすべてをまかせるよう大衆をそそのか」す、サイードの言う「エキスパート」とか「プロフェッショナル」の役回りを演じてよいものでしょうか。「九・一一」以降、「反テロ戦争[*4]」という名の世界内戦が生み出している、際限のない暴力の連鎖のなかで、かりそめにも知に携わる人間ならば、「忘れられたことを発掘し、否定されたものにつながりをつけ、戦争と、それに付随する殺戮という目標を回避できたであろうべつの選択肢をしめす」ことの大切さを、一日たりとて忘れてはならないと思います。

「公共性」の中身

もう一点、現在のように日本のあちこちの大学院で、「公共政策」の看板が掲げら

＊4　**反テロ戦争**　米国民は、「九・一一事件」を、対英一八一二年戦争以来の本土攻撃と、極めて感情的に受け止めた。これに乗じてブッシュ政権は、自由・人権よりも安全保障を優先、対外的にも「反テロ戦争」（「テロとの戦い」）を掲げ、二〇〇一年一〇月七日、「テロ組織を匿った」との理由で、アフガニスタンのタリバン政権を軍事力で打倒した。翌年九月の国家安全保障戦略（ブッシュ・ドクトリン）で、従来の封じ込め・抑止戦略から攻撃重視の戦略に転換、テロ組織絶滅だった政策目標を、大量破壊兵器保有国の抑え込みに拡大した。国際法無視の先制攻撃は、二〇〇三年三月二〇日のイラク攻撃で実行に移された。

れる以前から、たとえば宮本憲一[*5]氏が、「公共性」の中身について鋭い問題提起をしていたことも、銘記されてしかるべきでしょう[*6]。つまり、日本では戦前から、軍事、警察、土木など、その内実を問わずに、国家が独占的に「公共性」を担ってきた歴史があるわけです。

なるほど最近では、「公共事業」などへの批判もずいぶん耳にするようになりました。しかし、垂直的な権力関係にあって、優越的な立場にある主体が、「公共」の名で一方的な意思決定を行い、弱い立場の相手側にひたすら受忍を強要する問題は、決して過去に属することがらとは言えません。市場原理主義的に、ものごとをすべて利潤・効率を基準に裁断する新自由主義と、競争によって必然的に生み出される敗者のルサンチマンをナショナリスティックに回収し、「平和と民主主義」の戦後的価値を最終的に廃棄しようとする新国家主義とが相乗的に昂進している現在の日本では、「公共＝国家」であり、「お上」に逆らうことは既に非道徳的だとする暴力性剝き出しの議論が横行しているではないですか。彼らは、「善良な国民」（かつては「忠良なる臣民」なんて言いましたね）として、国家の方針に従っていれば、「保護」を受けられ安全だと思い込んでいる。自ら進んで「強者の論理」と一体化し、さまざまな矛盾のはけ口を、自分たちより弱い人々に向ける。そこには、自分自身が監視され、差別され、抑圧されることへの一片の想像力もないわけです。

＊5　**宮本憲一**　一九三〇年生。経済学者。大阪市立大学名誉教授。二〇〇一～〇四年、滋賀大学学長。地域に根ざした市民的立場からの環境論・都市論・市民社会論などで数々の先駆的業績。

＊6　一例として、宮本憲一『公共性の政治経済学』（自治体研究社、一九八九年）。

たしかに、人は誰しも、自分の経験に基づく尺度でものごとを判断しがちです。実際に経験していないことは、よくわからない。だからこそ、特に危機的な状況にあっては、歴史に根ざした洞察力が必要とされるわけです。かつて「お国のために」と「滅私奉公」に精励した「忠良なる臣民」の末路は、空襲で、戦場で、はたまた外地で、いとも簡単に棄民化されたことではなかったか。それは悲劇に違いありませんが、今度は「善良な国民」に似たようなことが起こるかもしれない。そうだとすれば、これは、マルクスが『ルイ・ボナパルトのブリュメール一八日』で言っている「茶番」ではありませんか。

それにしても、かつて丸山真男[*7]が指摘した「抑圧委譲の構造」は、戦後六〇年の間にどれだけ克服されたのか。あえて極論すると、日本人は、戦前・戦後を通じて、社会ダーヴィニズム的な心性を維持し続けてきたのではないか。戦前は軍事、戦後は経済で、どちらにしても、「強い者が弱い者を押しのけて何が悪い。優勝劣敗だ」と思ってきたのではないか。院生・学生の皆さんが体験してきた受験戦争など、最たるものです。そのように培われた「強者の論理」が、今や、理想や正義を語ることをあからさまに冷笑し、「平和」とか「デモクラシー」といった価値を唾棄するニヒリズムの横行に繋がっているのではないでしょうか。

こうした精神的土壌に立っていくら「公共政策」を語っても、それは、(もう一度

＊7　**丸山真男**　第1章＊19(23頁)。

サイードの言葉を借りると）「いかなる社会変革の芽もつんでしまう社会機構」に迎合し奉仕することでしかない。私としては、国家の論理、市場の論理とは次元を異にする市民的公共性を重視したい。ドイツの専門家としてもう一言つけ加えるなら、反ナチ抵抗運動*8の「公共性」を高く評価したいと思います。

日独比較の意味

さて、一般的な前置きはこのくらいにして、そろそろドイツに眼を向けたいと思います。近代国民国家として日本がドイツ（正確にはプロイセン）からよかれあしかれ多くを学んだことから、日独の間には近現代史上のさまざまな共通点があります。経済大国化を経て、今や両国は、国連安保理の常任理事国に共に名乗りをあげ、国際社会でより大きな発言力を持とうとしています。

とは言え、日独が世界に占める地歩には、決定的な差異があります。早い話、ヨーロッパ、いや世界の人々は、ドイツが「第四帝国」よろしく、再び周辺諸国を蹂躙するとは思っていないでしょう。しかし、日本については、「また何をしでかすか分からない」という警戒心が、少なくともアジアには大なり小なりあると思います。

この違いはどこから来るのでしょうか。第一に、第二次大戦の（もっと踏み込んで言えば、第二次大戦をもたらした）「過去」を省察し、近隣諸国との和解を達成してい

＊8　**反ナチ抵抗運動**　アドルフ・ヒトラーが率いるナチ党の暴力支配と侵略戦争に反対し、ヒトラー暗殺や政府転覆を試み、あるいは市民的不服従を貫こうとした行動。共産党員、社会民主党員、キリスト者、国防軍将校、学生など、多様な担い手がいたが、結局自力での解放は果たせなかった。長らく西独では、彼らを祖国への裏切り者と見る傾向があったが、一九六八年六月二四日の法律で、基本法第二〇条四項にドイツ国民の「抵抗権」が盛り込まれた。

るか、第二に、地域統合のプロセスにどれだけ主体的に関与しているか、第三に、国連・国際法をないがしろにし、「力の支配」を公然と標榜する「帝国」米国に、どれだけ毅然とした態度をとっているか、この三点で日本とドイツは決定的に異なるのです。日本が、「平和憲法」にもかかわらず数多くの紛争（この場合の「紛争」とは、互いに一致しない目標観があって、一つの目標達成が他の達成を排除するシステムというノルウェー出身の平和学者、ヨハン・ガルトゥングの意味で用いていますが）に直面しているのは、基本的には、日本自身の姿勢に問題があるためだと言わざるをえません。

日独の「過去」に対する取り組みを議論しようとすると、「アウシュヴィッツのような民族絶滅政策は、日本になかった」と、両国の比較を頭から封じようとする向きもあります。ただし、自ら史料を発掘し、これに取り組んでいる真っ当な歴史家（専門が日本史にせよドイツ史にせよ）に、そうした反知性的な主張をする人はいません。なるほど、ドイツにヒロシマ・ナガサキがなかったように、日本にホロコースト[*9]はありませんでした。しかし、ドイツの「過去」の問題とは、ユダヤ人虐殺にとどまらない。捕虜虐待・強制労働・生体実験は日独に共通の不法行為ですし、日本軍が中国大陸で展開した三光作戦[*10]は、ドイツ軍が東部戦線で行った絶滅戦争と特徴が著しく似通っています。さらに、戦争犯罪の告発、賠償・補償政策、歴史教育など、いわゆる「戦後責任問題[*11]」は、敗戦後の国家形態の相違にもかかわらず、重要な比較の論点を

＊9 **ホロコースト** 第二次世界大戦中、ナチス＝ドイツが六〇〇万人近いユダヤ人を組織的に虐殺したこと。旧約聖書で「焼いて神前に供されるいけにえ」を意味するヘブライ語の単語に由来する。

＊10 第1章＊33（四二頁）参照。

＊11 **戦後責任問題** 戦時中の人権侵害や戦争犯罪を事実として認め、戦後、そうしたことが繰り返されないような措置を講じる後世の世代の責任。

提供しています。[*12]

節目としての一九六八年

そこで、日本では聞き慣れない「歴史政策」について検討してまいりましょう。そもそも歴史と政治との間には、自らの行動を擁護し、政敵を攻撃する政治的言説として「歴史の教訓」に依拠したり、国民国家における国民統合など、集団的アイデンティティを獲得・維持するのに歴史を利用したりと、古今東西、非常に微妙な関係があります。一九世紀に近代実証史学が発達したわけですが、フリードリヒ・ニーチェ[*13]は、「生に対する歴史の功罪」[*14]で、過剰な歴史知識は刷新する力を破壊すると、歴史叙述の学問化に警告を発したものです。

ナチ時代の想像を絶する不法行為を経て、戦後ドイツでは、いかにして、加害者・被害者の関係を曲がりなりにも修復し、「過去」との取り組みを通じて、公共の「想起の文化」を築くかという問題が常に論議の的となりました。「歴史政策」(「過去政策」とか「記憶政策」と呼ばれることもありますが)の前提には、「第三帝国」の時代、国家の指令により「ドイツ民族」の名の下で未曾有の規模の犯罪が行われたという基本的コンセンサスがあります。

たしかに、ドイツの場合、一九三三年から一九四五年を「ナチスの時代」として明

*12　さしあたり、石田雄『記憶と忘却の政治学　同化政策・戦争責任・集合的記憶』(明石書店、二〇〇〇年)、石田勇治『過去の克服　ヒトラー後のドイツ』(白水社、二〇〇二年)、アジア財団/フリードリヒ・エーベルト財団(編)『歴史の共有に向けて　戦後ヨーロッパ・アメリカ・アジアの取り組み』(二〇〇三年)などを参照。

*13　**フリードリヒ・ニーチェ**　一八四四～一九〇〇年。ドイツの思想家。政治的には、そのユダヤ人蔑視や「超人」思想が、ファシズム・イデオロギーの素地を形成したと言われる。

*14　フリードリッヒ・ニーチェ『反時代的考察』第二篇(ちくま学芸文庫、一九九三年)。原

確に画することができますが、日本は、終結点は一九四五年でいいとして、起点は一九四一年（対米英戦争開始）なのか、一九三一年（中国侵略開始）、はたまた一八九四年（日清戦争開始）、一八六八年（明治維新）なのかはっきりしません。また、国際環境の違いも重大で、国土を分断され、東西各陣営で対等な「パートナー」としての地位を得るために、伝統的なナショナリズムの放棄、過去の清算が不可欠だったドイツに対し、日本は米国の庇護の下、冷戦の便乗者・受益者として、天皇免責や旧植民地出身者の「国民」からの排除等々、高橋哲哉氏が言うところの「戦後……社会の起源にある巨大な歴史的不正」から目を背け続けることが許されたわけです。[*15]

だからと言って、「過去」に対する日独の姿勢の落差を、運命論的に「仕方がない」と済ませるわけにはいかない。分岐点の年として、私は一九六八年を挙げたいと思います。ドイツにしても、最初から「過去への反省」が徹底していたわけではありません。西ドイツでは、特に大学・教会・司法の世界で、戦前からの人的継続性が顕著でした。ところが、一九六八年の学生反乱を境に、官憲国家的・権威主義的だった市民の政治的態度が、より民主的で批判的なものへと大きく変化しました。歴史学の面でも、フリッツ・フィッシャーの『世界強国への道』[*16]により、第二帝政末期から第二次大戦に至る中欧帝国創設という戦争目的の連続性が明らかにされ、一九三三〜四五年をドイツ史の「突然変異」として片づける伝統史学の歴史観が乗り越えられました。

著は一八七四年。

＊15　VAWW-NET Japan編『戦犯裁判と性暴力』（緑風出版、二〇〇〇年）。

＊16　フリッツ・フィッシャー『世界強国への道　ドイツの挑戦、一九一四—一八年』Ⅰ・Ⅱ（岩波書店、一九七二・八三年）。原著出版は一九六一年。

他方東ドイツに目を転じると、一九六八年八月、「プラハの春」[*17]への軍事介入に加担したことで、人々は、三〇年前、ヒトラーがチェコスロヴァキアに侵攻した「過去」に嫌でも直面させられたのです。

世界的な民主化の波のなかで、冷戦が終結し、「敵か味方か」という二元論的な図式が崩壊して、「過去」への取り組みも新たな段階に入りました。ドイツでは、なるほどネオナチのような醜悪な現象もあるけれど、基本的にはヨーロッパの枠内に身を置き、「過去」をめぐる未解決の課題への取り組みが進んでいます。こうした努力があるからこそ、たとえば、第二次大戦で中立を保ったスウェーデンで、ホロコーストの問題を後世の世代にしっかり伝えようというプロジェクトを政府が支援する事態も生まれるわけです。

他方日本では、冷戦の論理で封じ込められていたアジアの「過去」に、一時期は遅蒔きながら前向きに対応する姿勢も示されたものの、バブル崩壊後の鬱屈した心情も手伝って、今では歴史修正主義へのバックラッシュが激化しています。私は「国益」なるものを根本的に疑っていますが、仮にこれを認めるとして、日本の政治家たちによる歴史絡みの「妄言」が、このグローバル化した世界でいかに「国益」に反するか、彼らの貧困な国際感覚、学習能力の欠如は、悲惨と言う以外にありません。

＊17　第2章＊44（九六頁）参照。

三種類の「過去の克服」

さて、ドイツで言われる「過去の克服」は、おおよそ三種類に分けられます。第一は加害者の追及です。ドイツでは、ニュルンベルク裁判以外にも、軍人・外交官・医師などを対象にした継続裁判が行われました。また、ドイツ人自身の手による元ナチスの追及も実施され、一九五八年一一月、ルードヴィヒスブルクに、「ナチ犯罪解明のための州司法行政センター」(ナチ追及センター)が設立されました。

第二は被害者の救済です。対外的にはイスラエルとの補償協定、[*18] 欧州一三カ国との対ナチ被害者給付協定が、その端緒です。後者を年代順に追うと、

対ユーゴスラヴィア(一九五六年三月一八日)二億三五〇〇万マルク
対ルクセンブルク(一九五九年七月一一日)一八〇〇万マルク
対ノルウェー(一九五九年八月七日)六〇〇〇万マルク
対デンマーク(一九五九年八月二四日)一六〇〇万マルク
対ギリシャ(一九六〇年三月一八日)一億一五〇〇万マルク
対オランダ(一九六〇年四月八日)二億八〇〇〇万マルク
対フランス(一九六〇年七月一五日)四億マルク
対ベルギー(一九六〇年九月二八日)八〇〇〇万マルク
対イタリア(一九六一年六月二日)八〇〇〇万マルク

*18 **補償協定** 一九五二年九月一〇日、コンラート・アデナウアー西独首相とモシェ・シャレット・イスラエル外相がルクセンブルクで署名。三〇億マルク相当の物資を一二年間かけてイスラエルに支払い、四億五〇〇〇万マルクを対独ユダヤ人要求会議に支払うことで合意。

対スイス（一九六一年六月二九日）一〇〇〇万マルク
対オーストリア（一九六一年一一月二七日）三億四一〇〇万マルク
対イギリス（一九六四年六月九日）一一〇〇万マルク
対スウェーデン（一九六四年八月三日）一〇〇万マルク

となり、合計金額は一六億マルクを越えます。ご参考まで、当時は固定相場制で一ドル＝四・二マルク、一九六一年三月六日以降四マルクでした（ちなみに、一ドル＝三六〇円）。給付の対象が西欧偏重なのは一目瞭然ですが、これらの協定は、一九六六年までに履行されました。それから、国内での被害者救済のためには、連邦補償法[*19]が制定されました。

第三は再発防止ですが、これには懲罰と教育の二つの側面があります。前者は、一九六〇年六月に導入された刑法一三〇条「民衆扇動罪（Volksverhetzung）」です。これは、「公の平穏を害するに適した方法で、（1）住民の一部に対して、憎悪を挑発し、あるいは暴力的もくしは恣意的措置を要請したものは、または、（2）住民の一部を中傷し、悪意で侮蔑し、もしくは誹謗することにより、彼らの人間的尊厳を侵害したものは、三カ月以上五年以下の自由刑に処す」というもので、その対象には、ナチス支配での犯罪を許容・否定・無害化することが含まれています。

後者は、歴史教科書対話や青少年交流、警告碑の建立です。ことに教科書対話は、

＊19　**連邦補償法**　人種・信条・世界観・政治上の理由による迫害で生じた損害を補償する連邦補充法（一九五三年九月一八日）を発展させたものとして、一九五六年六月二九日に成立。犠牲者に対する金銭の補償や医療の提供を規定。

歴史教育が歴史的・政治的アイデンティティ意識を涵養する役割を担っていることから、紛争を克服する手だてとして、社会的妥当性をもっています。歴史教育を改善して国際的な理解・協力を図るユネスコの存在を背景に、ブラウンシュヴァイクの「ゲオルク・エッカート国際教科書研究所（GEI）」や、フランス、ポーランド、イスラエルなどとの教科書改善勧告作業が注目すべき成果を挙げてきたことは、日本でも比較的知られていると思います。重要なのは、対戦相手国との和解の意志が明確であること、対等な立場に立っての学問的論争から合意を導いていること、その合意とは、平準化された「共同の記憶」を意味しないこと、といった点だろうと思われます。

感銘を与えたブラントの姿

ドイツが近隣諸国との和解を達成するのに、国外に非常に強い印象を与えたのが、一九七〇年一二月七日、ヴィリー・ブラント西独首相が、ワルシャワ・ゲットーの犠牲者追悼碑の前でひざまずいた「事件」です。実は当時西独国内では、この行動への評判は芳しくありませんでした。週刊誌『シュピーゲル』（一九七〇年一二月一四日号）の世論調査では、これを「おおげさで不適切」と批判する意見（四八パーセント）が、「適切な振る舞い」と擁護する意見（四一パーセント）を上回っていたのです。その背景には、伝統的なスラヴ民族蔑視や、冷戦による反共主義がありました。

三〇年後、ワルシャワに、ひざまずくブラントの姿をレリーフにした記念碑が出現しました。除幕式に臨んだ、同じドイツ社会民主党のゲアハルト・シュレーダー首相[*20]は、ブラントの行為が「過去を引き受け、それを和解への義務と理解する象徴」になったと述べました。首相には、ドイツとポーランドの友好に携わる若者たちも同行したということです。余談ですが、私はたまたまこの時期、ドイツのライプツィヒ大学で日本政治を教えていて、戦時中の旧日本軍による性暴力を裁こうと東京で開かれた「女性国際戦犯法廷[*21]」、それに対する日本のマスコミの極めて冷淡な扱い（なにしろドイツの新聞の方が、取り上げ方がはるかに大きかったのですから）を講義で論じ、彼我の落差を改めて痛感したのを鮮明に覚えています。

ソ連圏諸国との「東方外交」は、共産党独裁政権の延命に手を貸しただけだという厳しい評価もありますが、和解の基盤を形成した意義は、やはり非常に大きいと思います。一九九〇年の「ドイツ統一」に、最も強い警戒感を示していた近隣の国民はポーランド人でした。もし、ブラントのあの真摯な態度がなかったら、もっと激しい反対運動が巻き起こったことでしょう。

コール首相の「歴史政策」

「統一ドイツ」の初代首相となったヘルムート・コール[*22]は、一九八二年一〇月一日、

＊20　**ゲアハルト・シュレーダー首相**　一九四四年生。一九七八〜八〇年、社会民主党青年部長。一九九〇〜九八年、ニーダーザクセン州首相。一九九八年より連邦首相。

＊21　**女性国際戦犯法廷**　「従軍慰安婦」にされた女性たちの尊厳を回復し、戦時性暴力不処罰の悪循環を断つため、二〇〇〇年一二月八〜一二日、東京で開催された民間法廷。当時の国際法に照らして、「慰安婦」制度について、昭和天皇の有罪と日本国家の責任が認定された。翌年一月三〇日、NHKは、この法廷を記録した番組を改ざんして放映した。

西独首相に就任した際、それまで有力だった左翼的な思潮からの「精神的・道義的転換」を図った人物です。彼は、分断国家西独での国民の統合、「正常化」を目的とする「歴史政策」を意識的に推進しました。一九八五年五月五日、彼がレーガン米大統領とともに、武装親衛隊員も埋葬されているビットブルク軍人墓地を訪れたことに象徴されるナチス無害化の試みは、翌年からの歴史家論争の素地を形成しました。

歴史家論争は、歴史家エルンスト・ノルテが、ソ連の「収容所群島」を理由にアウシュヴィッツを擁護しようとした「現代史記述の弁護論的傾向」を社会哲学者ユルゲン・ハーバーマスが批判したことに端を発しています。この論争は、アイデンティティ形成のための歴史の道具化を拒否し、西側の普遍主義的政治文化の堅持、「憲法愛国主義」を唱えるハーバーマスらがおおむね優勢のうちに推移したと言えます。[*23] しかし、間もなく突如実現した「統一」を経て、形勢はむしろ逆転してしまいました。つまり、国家分断を克服して「普通の国民国家」という自負心から、ナチス犯罪の免罪が試みられたのです。さまざまな論者が、冷戦期の政治的闘争概念だった全体主義理論を再び持ち出して、ソ連と比べナチス体制を矮小化したり、「中央位置」という地理的条件を理由に、ナチス犯罪を免責したり、「予防戦争」を正当化したり、ナチ時代の「近代化」の肯定的側面を強調したりしたわけです。[*24]

コール首相自身も、「統一」後引き続き、「歴史政策」を続けました。[*25] 一九九一年八

*22 **ヘルムート・コール**　一九三〇年生。キリスト教民主同盟に所属。一九六九～七六年、ラインラント＝プファルツ州首相。一九八二～九八年、連邦首相。

*23 ユルゲン・ハーバーマス他『過ぎ去ろうとしない過去　ナチズムとドイツ歴史家論争』（人文書院、一九九五年）参照。

*24 ヴォルフガング・ヴィッパーマン『ドイツ戦争責任論争　ドイツ「再」統一とナチズムの「過去」』（未来社、一九九九年）参照。

*25 木戸衛一「ナチズムの清算と大国化への企図　ドイツにおける歴史の政治利用」『週刊金曜日』一九九五年一月一三日号。

月一七日には、プロイセン王・フリードリヒ二世の棺をポツダム・サンスーシー宮殿に移送、埋葬式典に自ら出席するだけでなく、連邦軍兵士も儀仗兵として参加させました。翌年三月二七日には、国防軍将校として戦争犯罪にかかわったとして国際的な非難を浴びていたクルト・ヴァルトハイム・オーストリア大統領にあえてミュンヒェンで会い、孤立から救おうとしました。さらに、一九九四年六月一四日、当時まだ首都として機能していたボンに「ドイツ連邦共和国歴史館」をオープンさせ、「ドイツの地にかつて存在したことのない最も自由な国」(コール)のサクセス・ストーリーを内外に誇示しました。

しかし、なかでも注目されるのは、一九九三年一一月一四日に開設された「戦争と暴力支配の犠牲者のための国立中央記念館」です。一八一〇年代後半、建築家カール・フリードリヒ・シンケルが「新衛兵所」として建造したこの建物は、ワイマール共和国末期の一九三一年、第一次大戦戦没兵の顕彰碑へ、東独時代の一九六〇年には「ファシズムと軍国主義の犠牲者のための警告碑」へと衣替えしました。現在、「中央記念館」の中央には、ケーテ・コルヴィッツの「ピエタ」が据えられ、戦死した息子を包み込む母の姿に、誰もが厳粛な気持ちにさせられます。もっとも、記念館の説明文では、「暴力支配」よりも「戦争」が優先されて、歴史の順番が逆にされ、しかも「暴力支配」には東ドイツのことが明記されています。この辺りは、いかにもコール政権の歴史観を端的に反映していると言えるでしょう。

また、対外的には、ナチスによる迫害で特にひどい損害を受けた犠牲者を救済するという人道的配慮から、一九九一年、「ドイツ＝ポーランド和解基金（Stiftung Deutsch-Polnische Aussöhnung）」に五億マルクが拠出されました。ただしこれは、元強制労働従事者の補償要求に応えるものではありませんでした。一九九三年にドイツは、ロシア・ウクライナ・ベラルーシの共同覚書交換を経て、合計一〇億マルクを支払いました（うちロシアとウクライナに各四億、ベラルーシに二億マルク）。このお金は、各国の基金「理解と和解（Verständigung und Versöhnung）」を通じて、まだ全く補償を受けていなかった戦災被害者に送られました。さらにチェコとの間では、一九九七年一月二一日の「和解声明」に基づき、「未来基金（Zukunftsfonds）」が設立されましたが、これは、チェコ人ナチ犠牲者への補償だけでなく、両国市民の共同プロジェクトなどへの助成を目的としたものです。

コール政権としては、これら一連の政策で、「反全体主義」を国家イデオロギーとして確立し、「普通の国民国家」の「自意識ある国民」として、「過去」への終止符を打ちたかったわけですが、結局、「過去」は過ぎ去ってくれませんでした。ホイヤースヴェルダ（一九九一年九月一七日）、ロストック（一九九二年八月二二日）、メルン（同年一一月二三日）、ゾーリンゲン（一九九三年五月三〇日）と、相次ぐ極右による外国人襲撃事件は、一部住民がそれを喝采したことも相まって、ナチスの亡霊がよみがえったかのような印象を内外にもたらしました。とりわけ、定住トルコ人労働者家族の女性と子どもの五人が死亡、一〇人が重軽傷を負ったゾーリンゲンの事件は、ドイツ内外に強い衝撃を与えましたが、コール首相はトルコでの埋葬式への参列を拒否、代わりにクラウス・キンケル外相を派遣しました。

このような社会情勢は、歴史論争にも影響を与えました。まず、「ゴールドハーゲン論争」です。これは、ユダヤ系米国人政治学者、ダニエル・ゴールドハーゲンの『ヒトラーの自発的死刑執行人』（原著一九九六年）に端を発しています。副題は『普通のドイツ人とホロコースト』というのですが、要するにゴールドハーゲンは、ヨーロッパ・ユダヤ人に対する大量虐殺が、何百年もの間に築きあげられたドイツ人の妄想・強迫観念の最終点だと位置づけたのです。敗戦後の「集団罪責論」の再来を思わせる彼の著作には、学問的にさまざまな難点があるものの、客観的事実・構造志向の歴史叙述が軽視した個々人の動機と責任に焦点を当て、大量虐殺そのものを改めて議論するきっかけを与えました。

一九九七年には「国防軍論争」が起こります。[*26] 一九九五年以来、ハンブルク社会研究所が巡回展「絶滅戦争―一九四一年から一九四四年までの国防軍の犯罪」を組織していて、ナチスの絶滅戦争に国防軍が積極的に加担していたのかどうか、当初から議

＊26　木戸衛一「ドイツにおける国防軍論争」『季刊戦争責任研究』第一八号（一九九七年冬季号）。

論はあったのですが、一九九七年三月、ミュンヒェンで、ネオナチが激しい抗議行動を展開したことで、論争は一気にヒートアップしました。「清廉潔白な国防軍」という戦後（西）ドイツの神話の否定は、ホロコーストに関与した人間がきわめて広範囲にわたる可能性を示し、戦後の社会的再建の欺瞞性を告発した点で、「ゴールドハーゲン論争」よりもはるかに深刻な影響を及ぼしました。

「ゴールドハーゲン論争」と「国防軍論争」に対するドイツ国民の受け止め方は、表1のとおりです。

さらには、一九九八年九月八〜一一日、フランクフルト・アム・マインで開かれた第四二回ドイツ歴史家大会で、テオドーア・シーダー、ヴェルナー・コンツェといった戦後西ドイツの指導的歴史学者が、かつてナチスに協力し、東

表1　90年代後半歴史論争への市民の反応（上段2001年3月、下段2001年1月）

年齢：歳	全体	16-29	30-44	45-59	60-
国民の多数はヒトラーの政権掌握前ナチスを支持していた	41%	34%	37%	40%	51%
支持していたとは言えない	23%	18%	18%	23%	29%
第二次大戦に従軍した国防軍兵士の多くは犯罪を犯した	27%	37%	28%	27%	19%
犯罪を犯したとは思わない	52%	37%	48%	50%	68%

出典：Allensbacher Jahrbuch der Demoskopie 1998-2002, Bd.11, München/Allensbach 2002, S.549

欧からのユダヤ人追放を目的とする「東方研究」に関与していたことが暴露されました。[*27]戦後西独で、元国防軍将官が連邦軍の基礎を築く一方、元ナチの歴史家が歴史学の新潮流を提唱する。この連続性は、「自由で民主的な基本秩序」の内実を疑わせるに十分です。このように、コール政権の末期は、「過去」に終止符を打つどころか、戦後（西）ドイツ社会の欺瞞性が浮き彫りにされたわけです。

*27　ペーター・シェットラー『ナチズムと歴史家たち』（名古屋大学出版会、二〇〇一年）。

「歴史への転居」としての首都移転

一九九八年九月二七日、ドイツ連邦共和国史上初めて、選挙による政権交代で国政を担当することになったシュレーダー首相下の「赤緑連合」は、一一月二四日、ベルリンで初閣議を開きました。翌年八月二三日、シュレーダー首相とヨシュカ・フィッシャー外相が、正式に新首都での公務を始めました。

ライン河畔のボンからベルリンへの首都機能の移転は、「過去」の陰で統治する「歴史への転居」（『シュピーゲル』一九九八年五月二五日号タイトル）という意味合いをもっています。一八七一年に第二帝政が成立してから、一九四五年五月八日に無条件降伏するまでの七四年間、ベルリンを首都としたドイツ国民国家は、好戦的な世界政策を展開し、二度の世界大戦を引き起こしました。一九九九年にノーベル文学賞を受賞したギュンター・グラスは、まさにそうした歴史的理由から、「ドイツ統一」そのものに反対したわけですが、ベルリンには、そうした「過去」の痕跡が至るところに残っている、あるいはゲスターポ跡地の「テロの地誌学」のように、自覚的に残されています。

一九九〇年一〇月三日に達成された「ドイツ統一」の実態は、西独による東独の吸収合併だったわけですが、これは歴史意識の問題にも当てはまります。旧東ベルリンだけでも、「統一」以来、一〇〇件以上の道路名が改変されましたが、そこに端的に示された精神は、旧東独国家時代以前の名称に復帰する伝統主義でした。つまり、やや乱暴に言ってしまえば、ナチス時代の道路名は放置され、「共産主義的」な道路名がことごとく消し去られたのです。[*28] これは、旧東独国家をナチス＝ドイツと同列に置く、それどころか、冷戦時代を彷彿とさせる論理で、ナチス＝ドイツを無害化・相対化し、歴史的により近い東独を全面的に断罪するものです。そうして、プロイセンの栄光、ワイマール共和国の遺産、連邦共和国の繁栄という一種の「正史」が称揚されたわけです。

総選挙に敗れたコールは、「統一宰相」として、敷地面積七万平方メートルを越える広大な新首相官邸で執務することができませんでした。ちなみに、その東側に相対する旧帝国議会議事堂（要するに国会議事堂ですが）も改装され、一九九九年九月七日、連邦議会発足五〇周年記念式典から、ここで議会活動が行われています。もともと第

＊28　木戸衛一編著『ベルリン　過去・現在・未来』（三一書房、一九九八年）。

二帝政の議会は、ずっと仮の議場で持たれていて、正規の帝国議会議事堂が完成したのは一八九四年なのですが、その入り口頭上には、第一次大戦中の一九一六年より「ドイツ民族に（DEM DEUTSCHEN VOLKE）」と彫られています。要するに「恩賜の議事堂」です。時は流れて二〇〇〇年九月一二日、ヴォルフガンク・ティールゼ連邦議会議長は、議事堂北側の中庭で、二一メートル×七メートルという大きさの木枠の中に白く光る文字で「全住民に（DER BEVÖLKERUNG）」と記した芸術作品を除幕しました。これは、ガラスと鋼鉄でできた新しい透明の円屋根とともに、戦後ドイツにおける民主主義の発展・成熟を窺わせるものと言えましょう。

シュレーダー政権における「過去の克服」

シュレーダー政権期の「過去の克服」を、先に述べた三つのカテゴリーに即して見てみましょう。まず加害者追及については、二〇〇二年七月五日、ハンブルク地裁で、元親衛隊員フリードリヒ・エンゲルに、自由刑七年の判決が下されています。彼は一九四四年五月、パルチザン[*29]による映画館襲撃でドイツ兵五人が死亡したことへの報復に、イタリア人民間人五九人を殺害して、「ジェノヴァの死刑執行人」と呼ばれていました。有罪判決を受けた時、エンゲルは九三歳になっていました。

イタリアでは、二〇〇三年六月、一九四三～四四年にナチ親衛隊・国防軍が犯した

＊29　**パルチザン**　労働者・農民などで組織された機動的な非正規軍。第二次大戦中、対独戦・抗日戦で重要な役割を果たした。

住民虐殺に関する調査委員会が設けられました。イタリアやギリシャの山中で、パルチザン掃討を口実に、一般住民を虐殺した国防軍山岳部隊の件も話題になりました。戦後西独で、戦争責任をナチスのみに負わせ、国防軍の「伝統」と「栄光」が強調されていたのは既に述べましたが、この山岳部隊は連邦軍に引き継がれ、現在その戦友会は、自らここで基礎兵役を務めたエドムント・シュトイバー・バイエルン州首相（彼は、二〇〇二年九月二二日の連邦議会選挙で、保守派の首相候補になった人物です）を後援者としているのです。

このように、今なお未決の「過去」は厳然と続いているわけですが、関係者の高齢化はいかんともしがたい。そこで、戦後六〇周年を前に、サイモン・ウィーゼンタール・センターは、残存するナチ戦犯を摘発するため、「最後のチャンス」キャンペーンを開始しました。

次に、被害者救済については、元強制連行労働者に対する補償基金「記憶・責任・未来」（Stiftung "Erinnerung, Verantwortung und Zukunft"）の設立が重要です。一九九九年二月一六日、一二のドイツ企業が、シュレーダー首相と、強制労働者のための「基金イニシアティヴ」の創設に合意しました。これは、前年三月米国で、ドイツの関連企業に対する集団提訴が行われ、製品のボイコットが呼びかけられたことがきっかけでした。ドイツ政府は、元経済相オットー・フォン・ラムスドルフ伯を代理人に立て、米政府代表、ドイツ企業、基金イニシアティヴ、被害者団体などと交渉を重ね、連邦政府と企業が折半して、総額一〇〇億マルクの基金を設立することで合意を得ました。[*30] 合意が成立した一九九九年一二月一七日、ヨハネス・ラウ大統領は、ナチ時代の強制労働に関する謝罪演説を行いました。

翌年七月六日、連邦議会が、補償基金「記憶・責任・未来」の設立を可決するまでには、なお若干の紆余曲折はあったのですが、ともかくこの基金法で、ドイツ企業は、ナチスの不正に(「巻き込まれた」という受け身ではなく、能動的に)「関与」したことを確認し、その歴史的責任を認めました。他方連邦議会も、その政治的・道義的責任を承認しました。基金法成立により、ドイツの経済界は、もはや「過去」をめぐって訴訟を起こされることはないと胸をなでおろしたわけですが、「過去の重荷」を政治的資源として積極的に活かし、政治文化の豊富化に繋げる道筋を、ドイツの事例は示していると言えるでしょう。[*31]

「被害国」オーストリアでの補償の動き

この基金設立との関連で興味深いのは、隣国オーストリアでも、「和解基金(Versöhnungsfonds)」・「一般補償基金(Allgemeine Entschädigungsfonds)」が立ち上げられたことです。[*32] 一九三八年三月一二日にナチス=ドイツに併合されたオーストリアは、

*30 一〇マルク=五・一一ユーロ。

*31 ヘルベルト・キュッパー「ドイツの戦時奴隷労働に対する補償」『季刊戦争責任研究』第三三号(二〇〇一年秋季号)。

*32 金子マーティン「オーストリアにおける元奴隷・強制労働者の賠償問題」『季刊戦争責任研究』第三五号(二〇〇二年春季号)。

第二次大戦中、米英ソのモスクワ宣言（一九四三年一一月一日）で、「ヒトラーの犠牲となった最初の自由な国」とのお墨付きを貰いました。実はこの宣言は、この国がヒトラーの側に立って参戦した責任も明言しているのですが、戦後オーストリア国民は、この部分を都合よく忘れ、ひたすら「戦争の被害者」として振る舞ってきました。

ドイツと同様、米英仏ソの四カ国に分割占領されたオーストリアは、一九五五年五月一五日に調印された「国家条約」で永世中立国として独立を果たすわけですが、前文から戦争責任の文言をはずし、賠償支払いの免除を盛り込むのに成功しました。前述のヴァルトハイム事件を経て、ようやく一九九一年七月八日、フランツ・フラニツキ首相が国民議会で、「国家としてのオーストリアではないが、この国の市民が他の人々、諸民族にもたらした苦痛への共同責任」を初めて公式に認めました。

一九九九年一〇月三日総選挙の結果、第三党に転落した保守の国民党は、公約どおりに下野するどころか、第二党に進出した自由党と連合政権を形成し、首相ポストを獲得しました。自由党の指導者は、ナチス賛美と外国人排撃を広言する右翼ポピュリスト、イェルク・ハイダーです。翌年二月四日にこの連合政権が成立すると、他のEU一四カ国は「民主主義・人権などの価値観を共有する連合体」として、オーストリアに対し外交制裁を実施しました。もっとも、この措置は「効果に乏しい」と、九月一二日に解除されてしまいましたが。

皮肉にもこの政権下で作成された和解基金法（ナチ政体の旧奴隷・強制労働者に対するオーストリア共和国の自発的給付のための基金に関する連邦法）が、二〇〇〇年七月七日に国民議会の全四会派の賛成、一二日後に連邦参議院の賛同を得て成立しました。「自発的」とはずいぶん押しつけがましい形容詞ですが、この法律でも、オーストリアは法的な戦争責任をなお忌避しています。ともあれ、一一月二七日の発効で、工業・公務・農業・個人部門での奴隷・強制労働者らに、補償金が給付されることになりました。「和解基金」の規模は、総額六〇億シリングに達します。*33

また、「一般補償基金」の法案は、翌年二〇〇一年一月三一日に国民議会、二月一五日に連邦参議院を通過しました。総額は二億一〇〇〇万米ドル、給付対象は、ナチ時代、現オーストリア領で迫害されたり、出国を余儀なくさせられたりした人々です。

*33 一〇〇シリング＝七・二七ユーロ。

「血の原理」からの転換

話をドイツに戻すと、「過去の克服」の第三のカテゴリー、再発防止については、一九九九年六月二五日、連邦議会が首都ベルリンの中心部にホロコースト警鐘碑を建立することを採択しました（賛成三一四、反対二〇九）。一万九〇七三平方メートルの敷地に、高さ最大四・七メートルの二七一一もの石碑が並び、地下にユダヤ人の運命を記録した展示場を持つ警鐘碑は、第二次大戦でドイツが無条件降伏して六〇年目

（正確には六〇年プラス二日ですが）の二〇〇五年五月一〇日にオープンします。

ホロコースト警鐘碑の建立が決まっていない頃、ドイツ国民の反応は、表2のとおり、かなり微妙でした。私も、ナチス＝ドイツによる最大の被害者集団がユダヤ人であることは理解しながらも、ロマ人、障害者、同性愛者、共産主義者、社会民主主義者、キリスト者等々の犠牲者を差し置いて、特権的に表象されることに違和感を覚えますし、この警鐘碑が建設されることで、既存の強制収容所跡などの維持が難しくならないかという懸念も抱いています。それから、これはまったく次元の異なる話ですが、映画「シンドラーのリスト」のように、結局はシオニズム*34の肯定に繋がらないかという不安もあります。

また、極右暴力との関連では、二〇〇〇年一二月一二日、連邦最高裁判所の判決により、「アウシュヴィッツの嘘」をインターネットで流すことも、「民衆扇動罪」として処罰の対象となりました。さらに同年、ネオナチを糾合して党勢を拡大する国民民主党（NPD）を禁止する訴えを起こす閣議決定（一一月八日）、連邦参議院決議（一一月一〇日）、連邦議会決議（一二月八日）を経て、翌年、連邦政府（一月三〇日）、連邦議会・連邦参議院（三月三〇日）が、連邦憲法裁判所に提訴しました。

表2　ホロコースト警鐘碑建設への賛否（1998年11月）

	全独	西	東
賛　成	46%	44%	54%
反　対	39%	42%	27%

出典：Allensbacher Jahrbuch der Demoskopie 1998-2002, a.a.O., S.550.

＊34　**シオニズム**　ユダヤ人の特異な民族意識に根ざし、キリスト教国におけるユダヤ人迫害の究極的克服を、ユダヤ人国民国家の建設で達成しようとする運動。一九四八年にイスラエル国家は成立したが、却って、同国の基本的性格への疑念、国内での人種差別、パレスティナ問題などが発生した。

ところが、二〇〇二年に入り、禁止申し立ての根拠となった発言をしたNPD幹部に憲法擁護庁への情報提供者がいたり、連邦・州のNPD執行部にも協力者がいることが発覚、結局翌年三月一八日、連邦憲法裁判所は審理を取りやめてしまいました。

二〇〇二年六月の第三〇回ドイツ・ポーランド教科書委員会では、敵のイメージ、ステレオタイプの克服から、自国内への他者へと重点が移され、記憶の共有ではなく、異質な記憶の理解の重要性が確認されました。また全般的に、欧州統合の進展で、一国史的観点が後退していること、「九・一一」以降、異文化間の対話が図られていることも付け加えておきたいと思います。

蛇足ながら、一九九九年五月二一日に国籍法改定が連邦議会で可決され、血統主義から生地主義へ切り替わったことも、ドイツの政治文化にとって重大な意味がありました。旧国籍法（一九一七年）では、親の一方がドイツ人なら、嫡出子は出生とともにドイツ国籍、非嫡出子は母親の国籍を得ると定められていました。それが、新しい国籍法では、ドイツに八年以上合法的に滞在する外国人を父または母としてドイツに生まれた子どもは、自動的にドイツ国籍を取得できることになりました。その子どもは、一八歳で成人に達した時点から五年以内に、ドイツ国籍と第二の国籍のいずれかを選択する必要があり、二三歳になった後もドイツ国籍を保持したければ、それまでに外国籍の放棄または喪失の証明を提出しなければなりません。

ドイツには、総人口の九パーセント近い七三四万人の外国人が暮らしていて、その過半数が滞在一〇年以上です。このような現実が、ドイツ・ナショナリズムの精髄というべき「血の原理」のイデオロギーを突き崩したことの意義は大きいと言えます。さらに、二〇〇四年七月九日には、移民法（Zuwanderungsgesetz）が成立、難民登録の条件は厳しくなりましたが、ともかく「ドイツは移民国でない」という長年の建前がようやく公式に取り下げられました。

懸念される反動現象

ドイツでは、人間蔑視のナチス体制が第二次大戦を引き起こしたという基本認識が揺らぐことはありませんし、「過去の克服」のためのさまざまな方策がとられてきました。表3は、その自負心を反映しています。

他方で、戦後基本的に「加害者」としての「半分の記憶」のみを強いられてきたことから、「被害者としての記憶」を再生する試みも、最近起こっています。第二次大戦末期、ドイツの難民船ヴィルヘルム・グストロフ号がソ連の魚雷に撃沈された事件を扱ったギュンター・グラスの小

表3　過去に対する責任　(2000年12月)

「ドイツ人は過去に対して責任感がなさすぎる」というのは

	全独	西	東
当たっている	16%	16%	22%
当たっていない	64%	66%	59%

出典：Ebenda, S.540.

説『蟹の横歩き』や、米英軍の対独空襲を詳細に分析したイェルク・フリードリヒの『火焔』といった著作が、二〇〇二年に出版されました。

もっと直截に「もういい加減にしてくれ」という思いを表明したのは、作家マルティン・ヴァルザーです。彼は、一九九八年一〇月一一日、ドイツ書籍商組合「平和賞」の受賞記念演説で、アウシュヴィッツを理由にドイツ人に「道徳的棍棒」が振り下ろされることに反発し、ホロコースト警鐘碑は「恥辱のモニュメント化」だと論難しました。そこには、分断状態を脱したのに、なお「普通の国」になれない苛立ちも感じられます。表4が示すように、一般のドイツ人も、大なり小なり似たような感情を抱いているようです。

政治の面でも、さまざまな揺れ戻し現象が見られます。極右政党としては、前述のNPDが、二〇〇四年九月一九日、ザクセン州議会選挙で九・二パーセントを獲得しました。同じ日、ブランデンブルク州では、ミュンヒェンの新聞社主、ゲアハルト・フライが遠隔操作するドイツ民族同盟（DVU）が六・一パーセントを得、五年前より〇・八ポイント上乗せしました。この政党は、一九

表4　過去へのまなざし（2000年12月）

「ドイツ人は過去（特に第三帝国）のことにとらわれすぎて、未来を見なさすぎる」というのは

	全独	西	東
当たっている	47%	47%	48%
当たっていない	42%	43%	37%

出典：Ebenda, S.548.

九二年のシュレスヴィヒ＝ホルシュタイン州議会選挙で六・三パーセント、一九九八年のザクセン＝アンハルト州で一二・九パーセントを記録した他、一九九一、九九、二〇〇三年のブレーメン市議会選挙で議席を得ています。両党は、二〇〇四年一〇月三一日、二〇〇六年連邦議会選挙での選挙協力を発表しており、その動向はまことに不気味です。

また、圧力団体「被追放民連盟」は、「追放反対センター」構想を掲げ、自らが犠牲者だった側面を強調して、罪の軽減・消滅を露骨に企てています。第二次大戦の戦後処理でポーランド領土が西方移動したため、大戦終結前後、現在のポーランドやチェコから合計一二〇〇万人ものドイツ人が、強制的に移住させられました。たしかにそれは、旧「満州」などからの日本人の「引き揚げ」とは異なり、故郷から追われることを意味していたのですが、「被追放民連盟」は、かつてヒトラーによる侵略の呼び水となった自分たちの父祖の役割には口を拭い、侵略の帰結である追放の被害者としての面のみを訴えてきました。このように加害と被害の順序を取り違えたうえに、「連盟」は、「センター」のベルリン建設を主張し、あからさまなドイツ人中心主義史観を標榜したのです。しかもそれは、財産返還を求める動きとも連動しています。

当然、近隣諸国は、「センター」の計画に強く反発しました。敗戦五〇周年を間近に控えた一九九五年四月二八日、ドイツ連邦議会で、ポーランド外相として、ドイツ人被追放民の苦悩への共感を表明したヴワディスワフ・バルトシェフスキ（彼は昔、アウシュヴィッツの囚人でした）は、ドイツ人との和解への努力が徒労に終わったと激怒、「ポズナニにゲルマン化博物館を建設すべきだ」とすら語っています。ある世論調査によれば、「センター」建設に反対するのは、ポーランド人の五七パーセントに対し、ドイツ人はわずか三八パーセントだそうで、もしそれが実態に即した数値だとしたら、意識の落差はかなり深刻と言えるでしょう。

シュレーダー首相は、二〇〇四年八月一日、ワルシャワで「（戦争を始めたのはドイツであり）原状回復の要求の余地はなく、財産返還問題はドイツ・ポーランド両政府の交渉議題にならない」と明言、また同年一〇月四日には、スタニスラフ・グロス・チェコ首相との会談で「（チェコへの）請求は根拠がないし支持しない」と述べて、被追放民らの行動を強く批判しています。しかし、仮に次の総選挙で政権交代が起こった場合、「被追放民連盟」と密接な関係にある保守派は、正反対の態度をとるかもしれません。「統一」後のドイツ人が抱く「自意識」、そこから派生する近隣諸国民との歴史認識のズレは、今後どう推移するか予断を許しません。

ヨーロッパで進む軍事化

「過去の克服」と地域統合への積極的な取り組み――。これを通じて、かつてトーマス・マンが力説した（「ヨーロッパのドイツ化」ではなく）「ドイツのヨーロッパ化」は、今日確立したと言えます。二〇〇四年夏、ノルマンディー上陸作戦（六月六日）とワルシャワ蜂起（八月一日）の六〇周年記念式典に、ドイツ首相として初めてシュレーダー首相が参加できたのも、近隣諸国の信頼感の表れです。

さらに、ドイツがフランスやロシアと連携して、国連安保理の場で、米国のイラク戦争政策に反対したことは、第二次世界大戦後の軍事占領による「民主化」の成功例として米国の方便に利用された日独の違いを改めて世界に見せつけました。もっとも、そのドイツにしても、在独米軍演習場*35でのシミュレーション演習や、在独基地からの兵員・物資の移動、領空通過を容認したわけで、実は侵略戦争を間接的に幇助したのです。

この「二重戦略」は、もちろん、戦後復興事業に参加するためでした。そしてその背景には、グローバル化における国際競争があります。

イラク戦争における米国とヨーロッパの対立はたしかに重大です。この対立は、根本的な政治哲学の違いに由来しているのだと指摘するのも正しいでしょう。しかし、巨視的な「世界内政」の文脈で考えると、もう少し異なったイメージが浮かんでくる。国連や国際法を公然と踏みにじる米国の政策がいくら粗暴だからといって、この「悪の帝国」に「善の欧州」を対峙させるのは、一面的でしょう。現在、グローバル化の

*35　**在独米軍演習場**　ヨーロッパ最大の米軍演習場は、ニュルンベルク北東、グラーフェンヴェールにあり、ここで二〇〇三年一～二月、対イラク戦争を睨んだシミュレーション演習が実施された。なお、嘉手納基地が東アジア最大の米空軍基地なら、ヨーロッパ最大の米空軍基地は、ドイツのフランクフルト・アム・マインにある（ライン・マイン・エアベース）。一九九一年湾岸戦争では、両基地から兵力が投入された。

中で、「先進国」は、外に向かっては軍事化と難民排除、内に向かっては社会福祉の解体と民主主義の空洞化という傾向を共有していると私は考えます。

欧州の軍事化は、イラク戦争における米国との対立にもかかわらず、という面と、対立ゆえに、という側面とがあります。対立ゆえにというのは、一国単独行動主義の覇権国家・米国を牽制するには、欧州を軍事的に強める必要がある、という意味です。「記憶の中立」などの論考でも知られる、フランス国立学術研究センター研究部長のツヴェタン・トドロフなどは、「帝国」の暴走に対し、統一欧州が軍事的バランサーになるべきだとはっきり主張しています。[*36] 他方、米国との対立にもかかわらずというのは、グローバル化により欧州でもネオリベラルの市場原理主義が貫徹しつつあり、内政と外交との連関から、グローバルな権益をグローバルな軍事介入で守ろうとする米国の方針とは原理的に矛盾しないという意味です。つまり、米国も欧州も、「南」の人々の犠牲に立って、できるだけ大きなパワーを発揮しようとしているというわけです。

事実NATOは、一九九九年四月二四日に採択された「新戦略概念」に基づき、二〇〇三年一〇月一五日、当初五〇〇〇人、最終的に二万人規模で五日以内に世界各地に展開できる対テロ即応部隊（NRF）を創設しました。他方EUも、二〇〇三年六月二〇日、ハビエル・ソラナ外交・安全保障政策上級代表の「包括的安全保障戦略」

*36　ツヴェタン・トドロフ『イラク戦争と明日の世界』（法政大学出版局、二〇〇四年）。

（ソラナ・ペーパー）で、「早期の、迅速な、必要に応じて骨太の介入を促す戦略的文化を発展させせなければならない」と謳い、独自の緊急対応部隊を整備しつつあります。EUとNATOとの軍事的な関係は、公式には相互補完とか分業とされていますが、競合する要素も内包されています。対イラク侵略戦争後、二〇〇三年六月二八日のNATO首脳会談でも、NRFのイラク派遣を主張する米英と、イラク戦争肯定に繋がるNATOの直接関与を拒む独仏とが対立し、結局、軍・警察・国境警備など、イラク治安部隊の訓練を支援することで妥協が図られました。なお、ヨーロッパには、ドイツ・フランス・ベルギー・スペイン・ルクセンブルクが参加する欧州合同軍（Eurocorps）、フランス・イタリア・スペイン・ポルトガルによる欧州作戦急行軍（EUROFOR）もあります。

欧州憲法条約の負の側面

この軍事化の問題は、EU憲法条約にもはっきりと刻印されています。EU憲法条約は、二〇〇三年六月一八日のEU首脳会談で採択され、二〇〇四年一〇月二九日に調印、さらに二〇〇五年一月一二日、欧州議会の承認を得ました（賛成五〇〇、反対一三七、棄権四〇）。二五カ国体制になったEUが、「欧州大統領」・「欧州外相」といったポストを設け、「多様性の中の統合」を目指しているのは、世界的に注目すべき現象ですが、憲法条約成立には、全加盟国の批准を必要としています。

ＥＵ憲法条約は、「国際法の厳密な遵守とさらなる発展、特に国連憲章の諸原則の保持」（Ⅰ-三条（四））を明記して「帝国」との違いを際立たせたり、基本権憲章を第Ⅱ部に据えたり、また欧州議会の権限を拡大したりと、さまざまなプラス面をもっていることはたしかです。反面、「自由で歪曲なき競争を伴った域内市場」（Ⅰ-三条（三））、「自由競争の、開かれた市場経済」（Ⅲ-六九条（一））に向けた経済・金融政策に比べ、「社会的公正と社会的保護」（Ⅰ-三条（三））のための雇用政策や社会政策は多分に抽象的で、一時期盛んに論じられた「社会的欧州」のイメージはかなり色あせてしまいました。

問題の軍事化に関する条項は、主にⅠ-四〇条（「共通安保防衛政策を実施するための特別規定」）に集まっています。他の条項も含め、特に疑わしいと思われる箇所を列挙してみましょう。

・「加盟国は、その軍事的能力を着実に改善する義務を負う。欧州軍備・研究・軍事能力庁が設置される。」（Ⅰ-四〇条（三））

・「共通外交安保政策の実施に向けた欧州決議……は、欧州外相または一加盟国の提案に基づき、閣僚評議会によって全会一致で告示される。」（Ⅰ-四〇条（四））

・「軍事的能力に関し高度の基準を満たし、ミッションについて最高度の要求を互いに義務づけている加盟国は、連合の枠内で構造化された協力を基礎づける。」（I-四〇条（六））

・「相互防衛の領域でのより緊密な協力を実行する際、参加国は北大西洋条約機構と緊密に協力する。」（I-四〇条（七））

・「……これらすべてのミッションをもって、とりわけまた第三国の、その領土におけるテロ撲滅への支援も通じて、テロ撲滅に貢献する。」（III-二一〇条（一））

いったいどこの国に、「軍事的能力を着実に改善する義務」を課した憲法があるでしょうか。EUの共通外交安保政策に対し、各国議会は何のチェックもできず、欧州議会にしても、これに関する「情報を与えられる」（I-四〇条（八））だけです。欧州裁判所ですら、共通外交安保政策に関することがらに手出しできません（III-二八二条）。ユーロの導入と同様、軍事面でも中核諸国の先行、つまり実態的には独仏の主導にお墨付きが与えられたわけですが、元来中立政策を採用していた国々の立場はどうなるのでしょうか。さらには、「テロ撲滅」の名の下に、軍事介入の正当化すら行われています。

「人権」や「大量破壊兵器」について二重基準を設けて、自国が脅威を受けているわけでもない地域に軍事介入するのは、米国のお家芸ではありますが、欧州はそうした恣意的な政策からは無縁だと、はたして言い切れるものでしょうか。自称「平和大国」の手前勝手な「ユーロ・ショーヴィニズム[*37]」に陥る危険はないでしょうか。

ハンブルク大学付属平和研究・安全保障政策研究所や、フランクフルト・アム・マインのヘッセン平和紛争研究財団が共同で編纂する年次報告『平和鑑定書』(Friedens-gutachten) は、一貫して欧州の軍事化に警告を発しています。二〇〇二年版は、米国が「将来世界中でアドホックな同盟の枠内で作戦行動し」ようとするのに対し、欧州は、「独自の利害と危機状況を定義」し、非軍事戦略に賭けるべきだと指摘、米欧間の明白な軍事的非対象性を、欧州の軍拡で取り除こうとすることの無意味さを説いています。二〇〇三年版も、「欧州が軍事的に対抗勢力を形成するという考えは幻想」だと強調し、むしろ非軍事的、特に経済的影響力を通じて、世界の否定的な安保政策上の傾向に立ち向かう「シヴィルパワー」としての役割に将来性を見出しています。さらに二〇〇四年度版も、現在のEUの路線が、危機を予防する非軍事的手段と軍事的手段の区別を曖昧にし、結局軍事優先で国際的な軍縮をなおざりにして、「シヴィルパワー・モデルから乖離する危険」を見て、安全保障を開発の前提とする現在の発想からの転換を強く求めています。

*37 **ユーロ・ショーヴィニズム**　ヨーロッパ中心主義的な観念に根ざし、その豊かさを維持するため、難民らの流入を排撃する傾向。

国防から介入へ

ドイツ連邦軍もまた、こうした情勢を反映して、国防より国際活動を優先させる再編案を進めています。「ドイツの安全は、ヒンドゥークシでも守られている」という二〇〇二年一二月四日のペーター・シュトルック国防相の発言は、意味深長です。

二〇〇三年五月二一日の新しい「防衛政策指針」は、次のような問題点を孕んでいます。

・「テロおよび非対象的脅威から住民と国の非常に重要なインフラを防衛するため」(第八〇項)に、連邦軍の国内出動が容認されている。

・「通常の攻撃に対する伝統的な国防は……現下の安保政策上の要請にもはやそぐわない」(第一二項)として、連邦軍の任務が一義的には国土防衛でないことを公言している。

・「将来の出動は……強度の点でも地理的にも制限されない」(第五七項)、「紛争の急激なエスカレーションで、平和維持出動が高強度の軍事行動に移行することも否定しない」(第五八項)として、世界大での戦争遂行すら予定されている。

・予防戦争の構想は、最終的なテキストで削除されたが、連邦軍にとって、ドイツ領を越えた「紛争予防、危機克服および同盟国の支援のための出動」(第一〇項)が前面に出され、その余地を残している。

最後の先制攻撃は、剝き出しの暴力的政策で、とりわけ忌まわしく思われるのですが、ヴォルフガンク・シュナイダーハン連邦軍総監は、「防衛政策指針」が公式に発表される前から、これが予防戦争構想を含んでいると陰に陽に述べています。

二〇〇四年三月一一日、連邦議会でシュトルック国防相は、二〇一〇年までに連邦軍を、伝統的な陸海空の編成から、平和強制に携わる三万五〇〇〇人規模の介入部隊(Eingreifskräfte)、平和確保に携わる七万人規模の安定化部隊(Stabilisierungs-kräfte)、後方支援に携わる一三万七五〇〇人規模の支援部隊(Unterstützungs-kräfte)に改組すると表明しました。この構想が、海外米軍基地を削減・整理統合する、世界規模の米軍再編計画[*38]と関連しているのは、言うまでもありません。

その二カ月前の一月一三日、彼は、「連邦軍が介入するかもしれない地域は全世界だ」と述べました。ヒンドゥークシは、連邦軍の介入地域を拡げる中間地点に過ぎなかったわけですが、いずれにしても、侵略戦争の禁止を定めた基本法第二六条や、防衛のために軍隊を設けることを定めた基本法八七a条からの乖離はいよいよ明らかです。かつて「統一」を果たした頃、ドイツは、国際的な公約として、「憲法と国連憲章が一致した場合を除き、武力を行使しないことを宣言」(一九九〇年九月一二日ドイ

＊38　**米軍再編計画**　アメリカのブッシュ大統領は、二〇〇三年一一月二五日、「反テロ戦争」に対処するため、世界の駐留米軍を、機動力を重視した配置に見直す再編計画の基本方針を発表、翌年八月一六日、アジア・ヨーロッパに展開する米軍計二〇数万人のうち、六～七万の兵力を今後一〇年間で撤退させると述べた。ドイツとの関連では、在独陸軍第二師団(五万六〇〇〇人)が削減される見通し。総体的に見れば、世界で突出した軍事力を持つアメリカが、確たる理念もなしに、世界的な軍事化を促していると言える。

ツ最終解決条約第二条）していたのですが、今や逐一議会の承認を経なくても、政府が軍を投入できる「派兵法」が取りざたされている始末です。

「ハイテク戦争を遂行できる古代戦士が必要」（ハンス＝オットー・ブッデ陸軍幕僚長）とされる状況は、兵士の精神構造に影響を与えずにはいません。「国を守る」という素朴な動機では軍隊が勤まらなくなったのですから、スキャンダルや事件が起こるのも当然でしょう。一九九六年四月には、ボスニアに派遣される準備中の連邦軍兵士が、拷問・レイプ・民間人処刑ごっこのビデオを撮って大騒ぎになりましたが、二〇〇四年一一月にはあちこちの兵舎で、新兵が上官に縛りつけられ、頭から袋をかぶせられ、壁の前にひざまずいて水をかけられ、中には衝撃電流で虐待されるという事件が発覚しました。しかもそれは、写真に収められていたのです。グアンタナモ基地やアブグレイブ刑務所での米兵による残虐行為を彷彿とさせる光景です。連邦軍の構造的な変貌に伴い、海外出動で、現地の人を殺害・侮辱・拷問することへの心理的抵抗は取り除く必要があり、「制服を着た市民」の原則は昔話になったと言えましょう。

先に紹介した『平和鑑定書』の二〇〇四年版は、ドイツ政府の外交・安保政策が、「戦略的理性と軍事的野心の間」で矛盾を来していると指摘しています。そして、「世界中で戦争遂行」する能力のある軍隊の創出は、憲法の委託に背くだけでなく、安保政策上説得力ある需要分析に基づいていない、さらには連邦軍の「市民的伝統」

も破壊すると強い危惧の念を示しています。

軍事化のための福祉削減

グローバル化の波は、「赤緑連合」に一連の「改革政策」を強要しています。二〇〇三年には、九月二六日、保険制度改革法案が、圧倒的多数（賛成五一七、反対五四、保留三）で連邦議会を通過し、法定健康保険（GKV）の保険料率が、一四パーセントから二〇〇六年に一二・一五パーセントに引き下げられる一方、患者には、診察料一〇ユーロと医療費の一〇パーセントを支払うなどの負担増となりました。さらに一二月一九日には、「アジェンダ二〇一〇」という一括法案が連邦議会で可決されました。その主な内容は以下のとおりです。

- 年金改革で、二〇〇四年の年金引き上げをゼロとし、新規受領者への支給を月末に延期する。
- 失業者救済金と生活保護を統合し、二〇〇五年より「第二種失業給付金」を導入する。失業給付金は、基本的に一二カ月までの支給とし、二〇〇五年より長期失業者は、労働協約以下の給与やパートタイム勤務を含め、いかなる合法の仕事も引き受ける義務を負う。

・解雇保護の適用を、五人以上の企業から一〇人以上の企業に緩和する。

・税制改革の第三段階として、所得税の最低税率を一九・九パーセントから一六パーセントに、最高税率を四八・五パーセントから四五パーセントに引き下げる。

・タバコ税を、二〇〇四年三月一日、同年一二月一日、二〇〇五年九月一日に、それぞれ一・二セント引き上げる。

一九九八年の総選挙で、社会民主党は、「（社会的）公正の欠落」を訴えて政権交代に成功したわけですが、今ではその頃以上に、国民の間で不公平感が強まり、「社会的調整（sozialer Ausgleich）」という党のアイデンティティそのものが特に激しく動揺しています。三つの図がそれを端的に物語っています

図１　経済生活での公正・不公正感

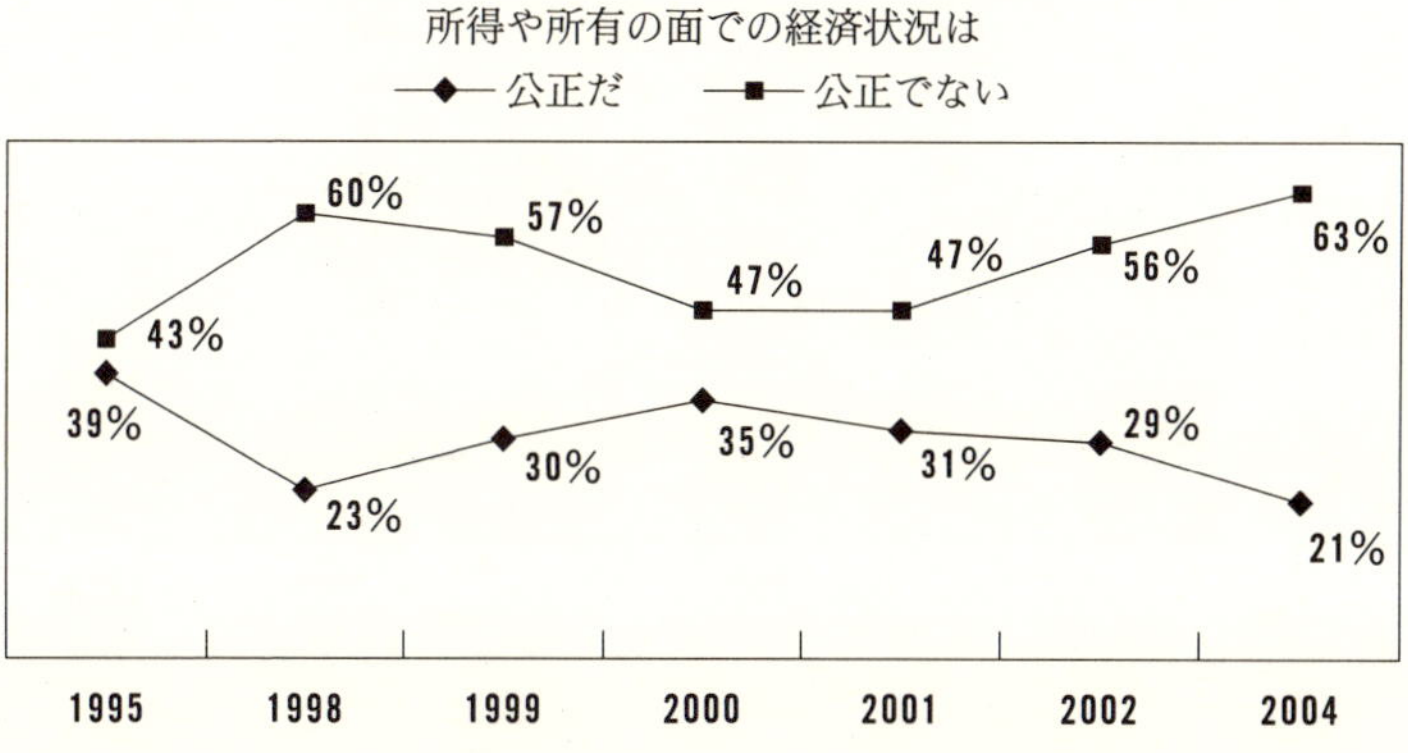

が、特に図2に関して、「改革に際して、政府は社会的公正に努力している」と考えるのが、社会民主党支持層でも三二パーセントにとどまっている点が、事態の深刻さを示していると思います。[*39]

そういうわけで、国民の多くは、富裕層・企業家が「改革」の受益者で、割を食うのは老人・貧者・低所得者・失業者・子持ち家庭・勤労者だと受け止めています。長引く低成長、生産拠点の継続的外国移転、失業のさらなる固定化、社会の高齢化による負担急増、厳しい財政状況という条件下で進められる政府の「改革」は、圧倒的多数（八二パーセント）の住民に、不平等の拡大と映っているのです。ここに、「ドイツ統一」から一四年も経って、一九八九年に東独の独裁体制を倒した「月曜デモ」が復活した背景があるわけです。[*40]

しかも問題は、こうした国民の負担増が、国際政治で発言力を強化する試みと密接に関連していることなのです。連邦軍が介入する費用は、一九九八年に一億七八〇〇ユーロだったのが二〇〇二年には一五億ユーロと、ほぼ一〇倍になりました。全般的

図2　改革政策と社会的公正

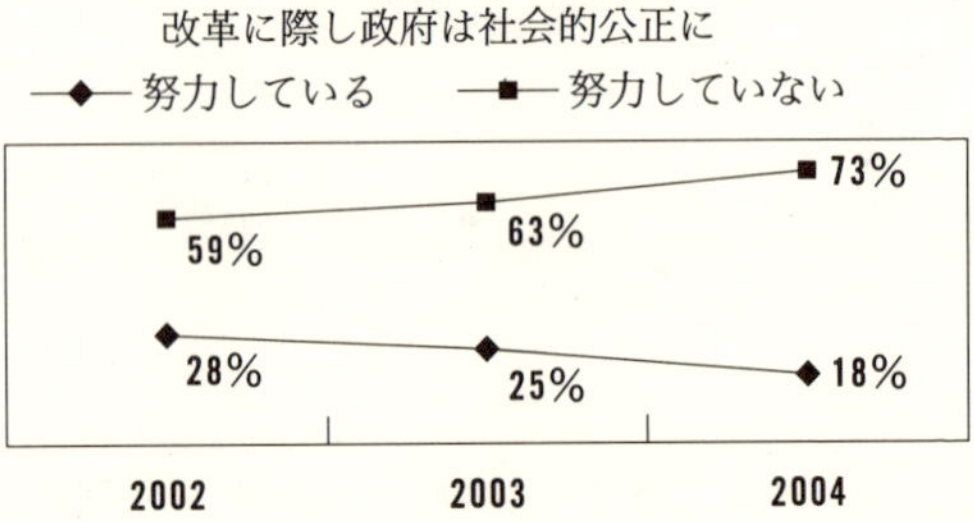

＊39　いずれもFAZ, 16. Juni 2004, S.5より作成。

＊40　木戸衛一「ドイツで拡がる二重の亀裂　「統一」一四年後の「月曜デモ」」『技術と人間』二〇〇四年一二月号。

な支出削減のなかで、軍事予算は例外的な扱いを受け、二〇〇三〜〇六年に二四四億ユーロが確保されています。さらに、その四分の一の額が、他の予算項目から非公式に支出されると指摘されています。

福祉削減と軍事化の関係について、二〇〇三年四月六日、地元ハノーファーでの国際見本市の開会式で、式辞を述べたシュレーダー首相は、「われわれが「アジェンダ二〇一〇」で意図していることは、もちろん国内の経済的・社会的発展への責務を負っている。だがそれは同時に、強力な欧州、ひいては世界における欧州の役割に対する我々の責任だ」と、実にあけすけに語っています。その中で首相は、二〇〇〇年三月二四日にEU特別首脳会談で採択された「経済的・社会

図 3　社会的不公正感の高まり

「ここ 3〜4 年、わが国では
社会的公正が後退している。」

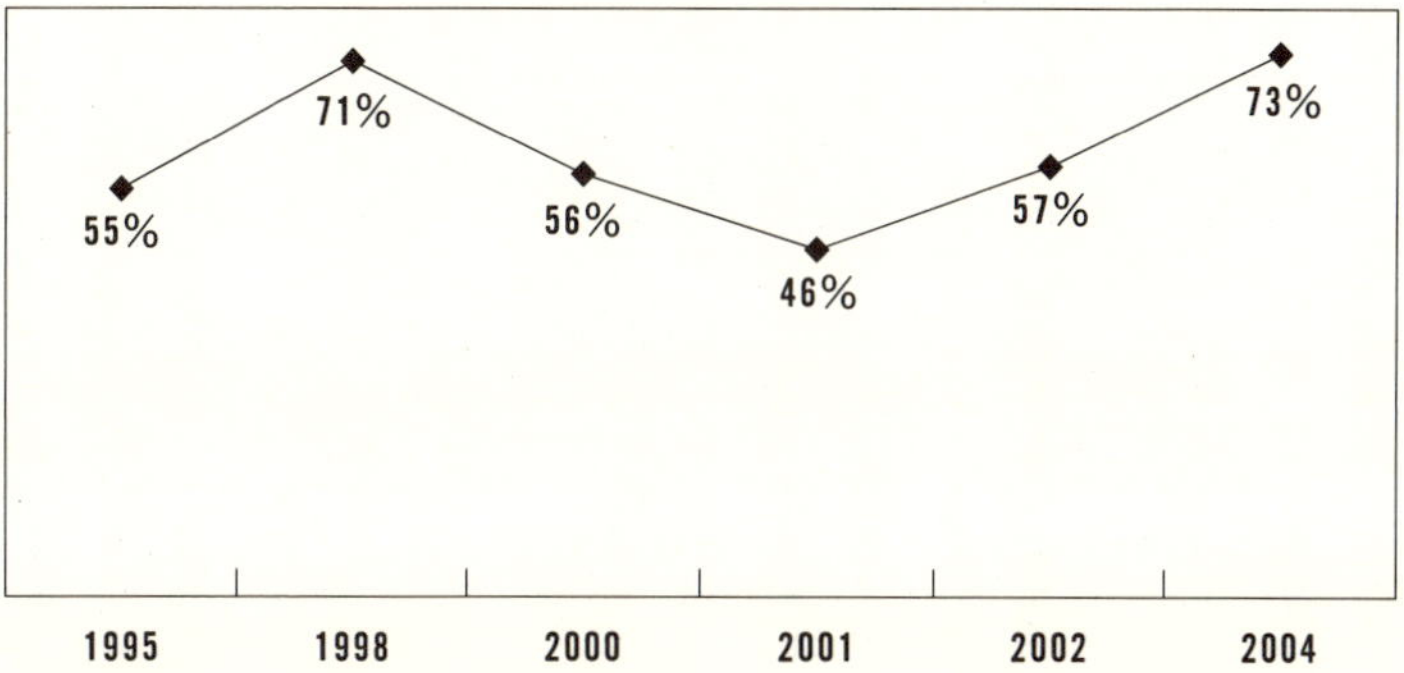

的・エコロジー的刷新のためのリスボン戦略」に言及しています。これは、EUを「知識を基礎にした世界で最高の競争力と活力のある経済空間」にすること、そのために「社会的保護体系を近代化し、その長期的資金調達の可能性を確保し、経済生活のダイナミズムに適合」させることを主眼にしたものです。ということは、外交・軍事面の思惑から福祉が削られるのは、ドイツ一国の問題ではないことが窺えます。

おわりに

大急ぎで話をまとめると、戦後ドイツにおいてアイデンティティは、ナショナリズムを掻き立てる道具として利用されるのではなく、過去への批判的省察と不断の自己改造を通じて形成されてきました。私たちの存在は過去の集積のうえに成り立っているのであり、過去に対する責任に正面から向き合わざるをえません。この点でドイツ人が示してきた誠実さは普遍性を獲得し、世界の人々の共感と信頼を得られたわけです。しかし、「だからドイツ人を見習え」という安易な結論で片づけられないのが、今日の状況の厄介なところです。

思いがけない「統一」の後、ドイツ人のそのような前向きのアイデンティティ形成にはブレーキがかかりました。「普通の国」としての「自意識」の回復、湾岸戦争を契機とする国際情勢の変化、さらにはグローバル化の影響による貧富の格差と東西の懸隔という二重の亀裂の拡がり、外来移民の増大で、問題は非常に複雑化しています。そうした国内の矛盾に際し、ナショナルな感情に訴えて国民共同体の統合強化をもくろむという、どこの国家権力も取りたがる方策に陥る危険はないか。近年極右支持者のポテンシャルが、特に若年層を中心に増大していることを考えると、私は、絶対にないとは言い切れません。

もとよりドイツにとってヨーロッパは死活的に重要ですから、「第四帝国」が近隣諸国を再び制圧するなどとは考えられません。むしろ問題とすべきは、ドイツが戦後ヨーロッパに受け入れるために行ってきた「過去の克服」に、今度はヨーロッパ全体が世界史的な文脈で取り組む用意がないということなのです。私が念頭に置いているのは、「九・一一」事件の直前、南アフリカのダーバンで開かれた国連主催の会議（人種主義・人種差別・外国人排斥および関連のある不寛容に反対する世界会議）です。この会議で、米国とイスラエルは途中退席してしまいましたが、ヨーロッパ諸国も、奴隷制や植民地支配の関する法的責任と補償は断固拒否しました。フランツ・ファノン[*41]が「植民地戦争と精神障害」で、植民地主義を「他者の系統立った否定であり、他者に対して人類のいかなる属性も拒絶しようとする狂暴な決意」と定義した[*42]のを思い起こすと、ヨーロッパの自己欺瞞は否定しようがないと思います。むしろ現実は、ルワンダの虐殺などで、新人種主義の風潮が高まってすらいます。

*41 **フランツ・ファノン** 一九二五〜六一年。フランス領マルティニク島生れの黒人作家・革命思想家。一九五六年よりアルジェリア民族解放戦線に参加。

*42 フランツ・ファノン『地に呪われたる者』（みすず書房、一九六九年）所収。

現在、グローバル化という新たな装いで、植民地主義は、世界を覆い尽くそうとしています。米国は、世界を「市場原理」にもとに統一し、これを拒む国家を軍事的に打倒しようとする。日本は、この動きと一体化して、資源や市場の確保に乗り出す。他方、ヨーロッパの場合、「帝国」とはつかず離れずですが、国内政治が、アングロサクソン流のネオリベラル市場原理主義の亜流であるなら、国際政治もその延長線上にあるのではないか。とすれば、ヨーロッパが目指しているのは、せいぜい、米国に比べればライトでソフトな植民地主義に過ぎないのではないか。同時に欧州統合は、人種・宗教・言語・習慣などの静的な「文化的アイデンティティ」理解から、内向きの排他的方向に向かう恐れはないか。あまりに悲観的だと思われるかもしれませんが、私はそうした危惧を抱いています。

二〇〇三年二月一五日の、イラク戦争に反対する「世界同時多発デモ」は、世界的な連帯感、地球市民的良識が実在することをはっきり示しました。二一世紀が暴力の連鎖から脱するには、自己の責任に自覚的で、他者と和解的な歴史認識に根ざして、平和的手段で平和を追求する以外、道はない。小さな子どもを抱える一人として、ますます最近そう思うのです。

あとがき

「よし、わかった。天下の阪大、腐っても鯛や。引き受けるよ。」

この小田さんの承諾の言葉で、大阪大学大学院国際公共政策研究科（ＯＳＩＰＰ）の特殊講義「現代政策論」が開講される道が開かれた。

二〇〇〇〜二〇〇一年、ドイツのライプツィヒ大学で日本政治を講義した私は、帰国後、自分の足元で「産学協同」ならぬ「軍学協同」が始まっていることを知った。この様子を伝える新聞記事によれば、院生と若手自衛官の合宿形式による「周辺有事」のシミュレーション研究で、妙に勇ましいのはむしろ院生の方で、参加した自衛官が、「ＰＫＯだ、治安出動だと院生からあっさり言われてどきっとした。『隣に座っている私が行くんですよ』と言いかけました」と苦笑したほどだそうである（『朝日新聞』大阪本社版、二〇〇二年一一月二二日付）。

私の父は、一九四五年四月一三日の大空襲で、東京・向島の家を跡形もなく焼かれ、母親、姉、弟、妹と一カ月半、隅田川縁で六畳一間の間借り生活をした後、丹波・篠山に疎開した。一五二センチの身長ながら、徴兵検査に第一乙種で合格とされていた彼は、九月に召集される予定だったため帰京、戦争がもう少し長引いたら戦地に赴かねばならなかった。当時勤めていた浅草の工場では、ドイツ映画のスター女優、ツァラ・レアンダーの似顔絵を描いて飾っていたために、視察に来た憲兵から暴行され、またその屋上で、アメリカのP＝51戦闘機の機銃掃射を受けた経験も持っている。「満州」で育った私の母は、一九四四年七月末、満鉄・哈爾濱駅の助役だった父親が健康を害したため、家族とともに日本に戻った。もしも、その時一人寮に入り扶桑高等女学校での生活を続けたとしたら、あるいは「満州棄民」の運命をたどったかもしれない。

いとも気楽に「派兵」を語る院生たちは、将来の「エリート」だの「リーダー」だのとおだてられ、司令官気取りで、人間を将棋の駒のように考えているのではないか。彼らの目線からは、燃えさかる空襲の炎の中を逃げまどい、あるいは戦乱の最中、国家からも軍隊からも見捨てられ肉親を失った人々の姿は見えていないのではないか。自分は安全な場所にいて命令を下すだけのテクノクラートよろしく、「殺される側の論理」は自分には関係ないと思い込んでいるのではないか。

戦争と暴力支配の二〇世紀をくぐり抜けてきた人類は、人間の尊厳、自由、民主主義、平和といった価値の普遍性を認識したはずである。政治体制としての民主主義の根底には、すべての人間には、人種、性別、出自、信条、能力に関係なく、幸福を追求する平等の権利があるという合意が存在するはずである。

しかし実際には、くだんの院生に限らず多くの人が、「頭のいい」者が、「いい教育」を受け、「いい職」に就き、「勝ち組」になるということを当然、あるいはやむなしとしているのではないか。そのような発想は、弱肉強食・優勝劣敗を肯定する社会ダーヴィニズムと本質的に何が違うのだろうか。

一般に、官僚機構や大企業など、高度に専門化された近代社会組織には、命令を発するエリート層と、命令を下される非エリート層とが存在する。軍隊は、その最たる例である。そのなかでパワーと特権を持つ側は、恣意的な専横に陥らないために、自らの限界に自覚的である必要がある。ところが、彼らはしばしば、テクノクラート的な発想や自分たちの想像力を越えた論理、そして倫理を「非現実的」と拒絶する。

平和主義に対する「現実主義者」の嘲笑・軽侮も、それに類似すると思われる。日本国憲法は前文で、「恒久の平和を念願」し、「全世界の国民が、ひとしく恐怖と欠乏から免かれ、平和のうちに生存する権利を有することを確認」している。この国の「現実主義者」たちはそれを「空想的」とせせら笑い、米国との軍事同盟に至上の価値を置いている。米国が誤りを犯すかもしれないことを度外視する点で、彼らは既に現実的でない。事実、世界の軍事費のほぼ半分を占める米国は、次から次へと国際的なルールや取り決めを破り、グローバルな平和にとって最大の不安定要因となっている。地球支配の強欲を満たすための、剝き出しの暴力の発動は、「反テロ」という名の「正義」によって粉飾されている。

二一世紀初頭の世界では、法の支配から力の支配への退行現象が露わになった。「平和憲法」にもかかわらず、対米追随のみに腐心する日本は、新国家主義と新自由主義の相乗的に昂進させ、近隣諸国との軋轢を増大させている。しかし、暴力の連鎖が果てしなく続く「九・一一」以後の現状を見れば、「強者の平和」を力ずくで貫こうとしても、破綻することは明らかである。世界中を覆う軍事化、貧富の差の拡大、人権状況の悪化、環境問題の深刻化といった問題に根本的に取り組むことこそが、平和で公正な世界を展望する道なのである。

となれば、「正義の戦争」というパラダイムから決別し、戦争を準備・遂行しようとする国家権力に、必要とあらば抵抗することが求められてくる。もとより、抵抗とは自明のことがらではないし、私たちにその能力が生来備わっているわけでもない。だからこそ、技術的《テクニカル》、実用主義的《プラグマティック》にではなく根源的《ラディカル》にものを考えるという意識的な知的作業が必要となる。

おおよそ以上のような思いから、所属部局で進む軍事化の流れに抗うべく、私は、自ら「平和研究」の講義を用意するとともに、小田さんに別講義への出講を要請した。小田さんと私との直接的な接点は、彼が一九八七年に立ち上げた「日独平和フォーラム」にある。小田さんは、何度となく、ドイツからの一行との市民交流を実践してきた。私はドイツ側のメンバーとして、二〇〇一年夏にベルリンで始まった「オキナワ」巡回展の企画・運営などに携わっていた。

小田さんは、二〇〇一年九月、慶應義塾大学経済学部特別招聘教授に就任し、「現代思想」という講義を担当されていた。関連図書（飯田裕康・高草木光一編『小田実の世直し大学』（筑摩書房、二〇〇一年）および飯田裕康・高草木光一編『ここで跳べ　対論「現代思想」』（慶應義塾大学出版会、二〇〇三年））を急いでひもといた私は、学生諸君が、「憂慮し関与する市民」（concerned citizen）として、多数者が安住する「場」ではなく、差別・抑圧の「現場」がつきつける知的課題に正面から立ち向かうよう促される授業内容を知り、小田さんに阪大で講義していただく意義を改めて確信した。

幸い部局内での了承を得て、「現代政策論」は、二〇〇三年一〇月三日にスタートし、二年間続けられた。二〇〇三・〇四年度のそれぞれ第二学期、初回と最終回が小田さん、その間の授業は多彩な講師陣に持ち回りで担当していただいた。講師の人選はすべて小田さんに委ねたのであるが、小田さんがいちいち出講依頼の手紙を直筆でしたためられたのには、本当に感激させられた。小田さんに請われ「現代政策論」に出講されたのは、以下の方々である（出講順。肩書きは出講当時）。ちなみに、浅井基文氏（当時明治学院大学教授、現広島市立大学広島平和研究所所長）も登壇される予定であったが、体調不良のために辞退され、代わりに私が講義した。

早川　和男氏（神戸大学名誉教授、長崎総合科学大学教授）「二一世紀の課題――居住福祉」

ダグラス・ラミス氏　（元津田塾大学教授）「今日の国際関係と日本」

飯田　裕康氏（慶應義塾大学名誉教授、帝京大学教授）「新たな公的空間を求めて――市民的共生の政治経済学」

山口　幸夫氏（原子力資料情報室）「原子力とエネルギー政策」

土井たか子氏（衆議院議員）「憲法と政治」（小田さんとの対論）

加藤　周一氏（評論家）「平和論再考」

恩田　怜　氏（神戸市議会議員）「無党派地方議員の活動とは？」

中嶌　哲演氏（明通寺住職）「原発銀座における反原発運動」

山口研一郎氏（脳神経外科医、「現代医療を考える会」代表）「現代医学におびやかされる生命の倫理」

また、「現代政策論」の副産物として、小田さんの旧友、金鍾哲《キムジョンチュル》氏（元嶺南大学教授、『緑色評論』発行人・編集長）が、私の主宰する「OSIPP平和研究フォーラム」のために来日され、「真に持続可能な平和と民主主義とは？　―韓国『緑色評論』の挑戦」という講演をして下さったことも特筆しておきたい。

本書は、こうした大阪大学大学院国際公共政策研究科におけるささやかな「民学協同」の試みのなかで、特に「戦争と平和」の問題に直接関わる講義を再構成しまとめたものである。小田さんの分に関しては、二〇〇四年度の二回の講義を圧縮して掲載した。もとより、他の「現代政策論」の授業もそれぞれ示唆に富み、刺激的・発見的であったのだが、諸般の事情から、網羅的な「講義録」の刊行は断念せざるを得なかった。

本書の刊行に至るまでには、実に多くの方々の応援があった。あらゆる平和の基礎が、人間同士の信頼にあるという至極当然の公理を改めて実感せずにはいられない。金井和子氏と北川靖一郎氏は、小田さんに阪大で講義してもらいたいという私の相談に応じ、何回も小田さんとの橋渡し役を務めてくれた。かもがわ出版の湯浅俊彦会長は、本書編纂に当たって、関連資料や助言を寄せてくれた。石原重治氏は、一部原稿の手直しを快く引き受けてくれた。「現代政策論」の授業運営には、阪大大学院国際公共政策研究科博士後期課程の佐藤温子氏が、また講義のテープ起こしには、同法学研究科修士課程の林由実氏が協力してくれた。そして、時には身を乗り出し、食い入るような面もちで聴講された参加者の皆さんは、何としても本書を世に送り出したいという強い動機を私に与えてくれた。

法律文化社の小西英央氏は、並々ならぬ熱意で、本書の出版に取り組んでくれた。本文に付されている脚注は、彼の提案に基づいて、基本的に私が書き加えたものである。彼との意見交換の積み重ねは、私の知見を大いに広げ深めてくれた。

二〇〇五年六月一七日

木戸衛一

◆著者紹介◆

（＊印は編者、略歴等は各章中扉参照）

＊小《お》田《だ》 実《まこと》	作家	はしがき，第1章，第4章
加藤《かとう》 周一《しゅういち》	評論家	第2章
ダグラス・ラミス《Douglas Lummis》	発展社会研究所（インド）ラジニー・コタリー首席教授	第3章
土《ど》井《い》たか子《こ》	衆議院議員	第4章
＊木《き》戸《ど》 衛一《えいいち》	大阪大学大学院国際公共政策研究科助教授	第5章，あとがき

2005年8月25日　初版第1刷発行

ラディカルに〈平和〉を問う

編　者　小田　実
　　　　木戸衛一

発行者　岡村　勉

発行所　㍿法律文化社

〒603-8053　京都市北区上賀茂岩ヶ垣内町71
電話 075（791）7131　FAX 075（721）8400
URL:http://www.hou-bun.co.jp/

印刷：一進印刷㈱／製本：藤沢製本所
装幀　前田俊平
ISBN4-589-02855-7